THE BRIDGE OF CHANGE MANAGEMENT

〔美〕邱璨瑸 著

变革管理的大桥
从优秀到卓越的管理奥义

图书在版编目(CIP)数据

变革管理的大桥:从优秀到卓越的管理奥义/(美)邱璨璸著.—北京:北京大学出版社,2018.9

ISBN 978-7-301-29810-7

Ⅰ.①变… Ⅱ.①邱… Ⅲ.①企业管理—经验—中国 Ⅳ.①F279.23

中国版本图书馆 CIP 数据核字(2018)第 192461 号

书　　　名	变革管理的大桥——从优秀到卓越的管理奥义 BIANGE GUANLI DE DAQIAO
著作责任者	〔美〕邱璨璸　著
责 任 编 辑	杨丽明
标 准 书 号	ISBN 978-7-301-29810-7
出 版 发 行	北京大学出版社
地　　　址	北京市海淀区成府路 205 号　100871
网　　　址	http://www.pup.cn　　新浪微博 @北京大学出版社
电 子 信 箱	sdyy_2005@126.com
电　　　话	邮购部 010-62752015　发行部 010-62750672 编辑部 021-62071998
印 　刷 　者	北京大学印刷厂
经 　销 　者	新华书店
	730 毫米×1020 毫米　16 开本　15.25 印张　164 千字 2018 年 9 月第 1 版　2018 年 9 月第 1 次印刷
定　　　价	59.00 元

未经许可,不得以任何方式复制或抄袭本书之部分或全部内容。
版权所有,侵权必究
举报电话: 010-62752024　电子信箱: fd@pup.pku.edu.cn
图书如有印装质量问题,请与出版部联系,电话: 010-62756370

序

I.《从优秀到卓越》中的理念对中小型企业转型发展是否管用？

吉姆·柯林斯在1990年出版了《基业长青》一书，该书销售量很快就破百万册。近几年，在美国《财富》杂志500强企业CEO（在中国台湾地区也称"大执行长"）最喜欢的书的调查中，它仍名列前十。它的主要内容是调研美国已上市卓越公司如何管理，以使公司基业长青。此书出版后，麦肯锡旧金山分公司总经理向柯林斯先生提出意见，他非常尖锐地指出："这本书毫无用处，因为大部分公司都只是优秀而非卓越，甚至很多公司连优秀都谈不上。"这个评论点醒柯林斯，卓越的中小型企业要如何转型变革为长青企业，并不是大多数企业人目前最关心的事。这段偶然的对话，使柯林斯研究小组启动了一项5年的调研计划，之后，出版了《从优秀到卓越》一书。果然一如预期，该书内容正是企业人最想了解的知识与情报，其销量很快冲破300万册，是至今最畅销的管理类书籍。

《从优秀到卓越》一直都被列为《财富》500强执行长们最喜欢的"老"书，同时也位列美国中小型企业25本推荐书中的第一名。

本书特点有三易：易懂、易学、易做。书中谈到变革管理的基本原理，柯林斯教授认为它超越了时间与空间，所以把它称为变革转换成功之物理学。这本书其实是为中小企业人所写。卓越像大人，每个中小企业就像还在成长中的小孩，每个小孩都希望在体格、智能上转变成卓越的大人，这需要大人和小孩共同汲取知识并实践。同理，公司要转型到卓越，当然不会凭空自然成长而来。

Ⅱ.《从优秀到卓越》一书之价值

柯林斯在《从优秀到卓越》的前言中谈到，他花费5年时间用于调研与撰写，即便有人出1亿美金，要他放弃出版并与世界上的所有人分享心得，他也会拒绝。所以，这本书最少有1亿美金以上的价值，这也是名列美国《财富》500强的大执行长们被其精彩内容所吸引，一读再读之主因。每个聪明又用心的读者在阅读此书之后，在治理公司时，都会很容易地得到1亿美金以上的回报。柯林斯形容他自己虽过着僧侣般的生活，但乐学且诲人不倦。

Ⅲ.《变革管理的大桥》一书的价值

《从优秀到卓越》在我国台湾地区由远流出版公司出版（书名为《A到A+》），已是第2版第46次印刷（截至2015年11月），读者大多是公司中高层主管或学术界人士。很多朋友向我建议：中国很多中小企业的老板们都忙着做生意，不会经常看书。《从优秀到卓越》虽是本好书，但内容晦涩难懂。这启发我援引中国的故事与题材来协助中国中小企业的老板们读懂《从优秀到卓越》。例如，历史上楚汉相争的核心四年是个极棒的故事，我们可以通过这个典故抓住《从优秀到卓越》八个变革步骤的精要，达到最佳学习效果。毛泽东由两万五千里长征到1949年成立中华人民共和国，是《从优秀到卓越》中斯托克代尔（Stockdale）悖论（九死一生、反败为胜之英雄）的典范。这个典范的示范效果不断扩大，成为今天中国商人即华商的特质——"韧性特强，世界第一""我要扬眉吐气"，更是将中国推进到卓越的潜在力量。中国的高铁、高速公路网，网络科技之运用如支付宝、微信等已居世界前列，未来还会有更多个世界第一将被缔造出来。

《从优秀到卓越》这本书对中小企业老板而言，其理论有点遥不可及。对读者来说，他们希望读过此书后，能够懂得如果公司准备上市，那么该做什么与能做什么，然而该书却没有明确说明。其实，读者的期待是合理的，所以这启发我把过去管理公司使之由小型到中型再到大型的实务性经验写出来，使读者能够尽快掌握管理的精华。变革初期要先有小成果展现，才有自信与信人以及信于人，然后成立团队大力推动，即"飞轮"带给我们的启示。

《从优秀到卓越》中的经验与教训曾经让我们的公司最多时赚到五亿美金分给股东。当然，飞轮转动要靠各方合力，我们无法判断到底《从优秀到卓越》贡献了多少力量，但是怀着感恩的心，我更乐于与全球华商们分享我的亲身体验。

《变革管理的大桥》是以中国管理文化与经典故事做注解的《从优秀到卓越》，最容易抓住原书"吉姆八步"之组织成功物理学的精髓。

Ⅳ. 柯林斯所列成功转型实例，当可鼓舞今日诸多公司见贤思齐

1. 雅培（Abbott）药厂：西药研发期长，投资巨大，已输默克等同业，要成为第一已不可及，于是，雅培痛下决心从医疗行业转为营养品行业。新事业背水一战，雅培摒除用人唯亲之恶习，于家族聚餐中将表兄弟革职。

2. 电路城（Circuit City）：艾伦·沃泽尔（Alan Wurtzel）为耶鲁博士，自喻为"拉犁耕田的马"，当老爸快破产时，他接棒改变经营模式，反败为胜。

3. 房利美（Fannie Mae，联邦国民抵押贷款协会）已实质破产，后来，麦克斯韦（Maxwell）改变风险管理模式，反败为胜。

4. 吉列创新感应剃刀，其CEO科尔曼·莫克勒（Colman Mockler）力挡恶性并购，为股东创造了比恶性50%溢价收购高出三倍的收益。

5. 金佰利克拉克公司（Kimberly-Clark）CEO 达尔文·史密斯（Darwin Smith）关掉纸浆厂造纸业务，改为生产消费性纸品，与宝洁直接竞争。华尔街原本想看笑话，认为金佰利克拉克"死定"了，但金佰利克拉克至今有几个产品线都领先宝洁。后来，达尔文·史密斯入选全球十位最伟大的首席执行官。

6. 克罗格（Kroger）与大西洋和太平洋食品公司（A&P）都是老牌超市。克罗格将所有利润都投入设备与管理，却被 A&P 的一句名言毁了："百年老店，所有的事都是错不了的。"事实上，商场形势瞬息万变，但克罗格的吉姆·哈林（Jim Herring）却认为公司变革是自然发生，不用敲锣打鼓昭告天下。

7. 纽柯（Nucor）钢铁公司，起初是由肯·艾弗森（Ken Iverson）在快破产的多角事业部中独留的小钢厂。公司设在农业区，工人由前农民担任。农民的特质是诚实勤劳，不用组工会，公司以每名工人产出吨数计酬，后来成为美国利润第一的钢厂。1967 年，统一企业创立于中国台湾地区台南县永康乡甘蔗田中，与纽柯在管理等方面有很多相似之处。

8. 菲利普莫里斯公司（Philip Morris）在香烟产业被管制后，扩大业务范围，投资并购很多消费品安定事业组合，在社会反烟气氛中，员工依然热情不减。乔·库尔曼（Joe Cullman）任命乔治·韦斯曼（George Weisman）接管国际部，开拓当时只占 1% 的新市场，自己提 7-up 收购案失败之"验尸报告"，自省树立管理透明文化。

9. 沃尔格林（Walgreens）公司为全美最大药妆连锁销售机构，由科克·沃尔格林（Cork Walgreens）主导向药妆连锁转型，用5年时间关掉500家老餐厅。

10. 富国银行（Wells Fargo）致力于美国中西部房贷银行业务。美国银行解禁前，努力培养人才，形成节约文化，迪克·库利（Dick Cooley）认为"银行家"时代已经成为过去式，银行员工将如麦当劳（McDonald）各分店的店员，要计算每个员工为公司所创造的利润。他很有先见之明，培养出很多将才。

11. 必能宝（Pitney Bowes）公司邮资机专利保护到期后，转向为客户开发后勤工作室互联网整合运用方案，即新技术与设备整合系统，以满足客户需求。

12. 安进（Amgen）公司由乔治·拉斯曼（George Rathmann）成立，于1983年上市。到2000年，公司成长了150倍，从1983年投资7000美元到2000年赚回100万美元。拉斯曼复制了他由雅培学到的"责任会计制"管理制度，促使公司快速成功。

《从优秀到卓越》一书中的变革管理理念一样适用于新创公司。增加中国历史故事与管理实务的补充学习，能使学习效果倍增，使致力于变革管理的公司提高效率，增加成功的概率。

V．新经济下，转型与变革更为艰难，因为强者愈强

我个人努力对标学习的"麦肯锡"公司是1926年由芝加哥大学会计学教授詹姆斯·麦肯锡成立的顾问公司，运营重点是为（大）企业或政府高管献策，针对复杂问题给予适当的解决方案。目前，国内许多企业甚至政府都是麦肯锡的客户。

很多旺旺同仁都建议我不要浪费退休时间，可以组一个以中

小企业为服务对象的"小麦"公司，为国内买不起美国麦肯锡顾问服务的公司提供"共享管理智产"，使他们共享执行官（CEO）、营运长（COO）、财务长（CFO）、营销长（CMO）、人资长（CHO）、信息长（CIO）与生产研发总处长等，让中小企业买得起实时快速、适用与实用的类"共享单车"性质之高质顾问服务，以克服处于成长与转型之中的企业初期在人事招募中所遇到的困难。等企业起飞后，自然会有合适的管理人员自动靠拢过来。

制造业 4.0 与服务产业 4.0 已来临，由美国亚马逊、脸书、谷歌与中国阿里巴巴、腾讯等大平台公司所带来的跨传统产业领域的致命性破坏，使强者愈强。近几年，传统旧制造、旧零售、旧金融、旧电商、旧服务业经营已开始萎缩，陷入《从优秀到卓越》第八章所谈到的"恶运之轮"（Doom Loop）（也称为"末日循环"）。未来，管理与转型能力弱的公司只会变得更小，生存在利基市场，破产公司会逐年增加。这是由信息科技（information technology，IT）、通信科技（communication technology，CT），特别是移动科技（mobile technology 4G—5G，MT）与大数据科技（data technology）带来的革命，最终会建立互联网经济时代新的商业模式，即消费者到企业模式（C2B）。当平台公司可以无所不经营时，所新攻入产业，有如飓风带豪雨过境，传统公司将被严重破坏，甚至毁村而必须迁村，即换产业或退出。

《从优秀到卓越》第七章论述科技之于转型变革，认为科技是转型变革之"加速器"，我认为这种观点具有一定的合理性，科技对加速企业转型变革或正或负的影响非常大。换言之，这波新科技的运用若成功，企业就会成长得更快更好，获利更高。反之，不实行新科技的变革，企业就会瘫痪，很难急救成功。

中小企业在实行信息化（IT）、网通化（CT）、移动化（MT）与大数据技术（DT）之前，必须先作好以下准备：训练有素的创新思想与行动，标准作业程序（SOP），人人"说、写、做"合一的基建工程。计算机在这一时期没有人工智能（AI），只能高效率地做指定工作，所以指令要明确。只有组织之主轴相对稳定，作业流程设计才能稳定。移动化的目的是随时随地制作数据，即信息之存取，这样，信息移动化后能增加公司资产负债表上的无形智能资产价值。若是被并购，能增值卖更高价；若并购其他公司求成长，则能借高效管理平台，迅速掌控被并购公司之管理绩效，提高并购成功率。另外，推出新事业部或新产品时更能事半功倍。

信息化、移动化与大数据技术，都是大资本投资且是长期持续地投入资金以求精益求精，这是重大风险事件，必须由上而下实行。换言之，公司决策层之董事长、总经理、营销长、财务（兼）信息长必须依五项修炼精神，下决心超越自我，具有C2B管理者心智模式，以身作则去带动变革，推动团队共同学习新科技与新经营思维，最终达成变革所设定的新愿景。变革核心不在科技这一硬件上，而在运营管理这一软件上。

电商平台公司大军已经开始大力并购线下实体公司，线下实体公司也向线上发展，商业模式已大不同于2010年以前，中小企业变革的急迫感日益增强。中小企业初步转型成功后，可以引进国内外策略投资伙伴的新资金与新资源，以加速建立高阶集团管理平台，从而在新经济时代下的新零售风暴中保持屹立不倒，直到上市成功，有更便宜的资金，经营更大的事业，吸引更多优秀的人，建立长青企业。

邱璨璸

Chiu.tb@gmail.com

www.petertbchiu.com

2018年8月1日于美国新泽西州利堡市

致谢

2010年在上海工作期间,我深深感觉到整个中国已然动了起来,大小企业皆努力追求上进,唯恐落于人后。

在中国,企业的领导人及高管担负着公司生存的重大责任,倍感艰辛。他们日常工作极度繁忙,很少有时间系统地进行自我充实。但是,企业主对如何管理偌大企业其实充满好奇,想一探世界卓越公司的究竟后学个几招,从而更"聪明"地执行管理工作。

中国易学博大精深,但较少谈及方法和程序。可以凭借如《资治通鉴》《史记》之类的典籍去深思其中人物的想法、做法,从而发现许多伟人、名人不同的管理智慧,深入研究后可运用于公司的管理中,会有意想不到的收获。中国中小企业已被潮流推向比30年前更具自由竞争(free competition)的经济模式,产业供过于求，而适者生存是不变的丛林法则。

如今，并购大潮已来，如何调整思想，转型求生，再求成长，各方面都要求企业必须先做好卓越管理的基础工作。《从优秀到卓越》一书是通过调研美国卓越企业的管理经验整合而来，虽不能断言其见解百分百正确，但可以说准确率极高。若结合中国本土故事讲述其中的理念，则更能帮助中国读者消化、吸收及运用。如能长期一读再读，必让企业与个人受益更多。

我自 2015 年开始构思及准备写作《变革管理的大桥》，2016 年起在美国新泽西家中动笔，至完稿为期两年左右。另外，亦约请朱磊先生（前旺旺东北大区与华北大区总经理）撰写其任职旺旺十多年之观察与经验；加上我在统一企业工作时期的同事连风彦先生（曾任中国台湾统一企业资深品牌长、中国北京电通广告事业本部总监等职）和谢木山先生（曾任统一企业业务管理经理、统一企业香港分公司业务经理）等赐稿，强化了本书的阅读价值，在此特别致谢。

《变革管理的大桥》得以由北京大学出版社出版，首先感谢北京大学出版社杨丽明编辑对本书给予的好评以及在审读过程中付出的努力。同时，也感谢神脑国际前信息长（CIO）高正先生帮我审稿并协助寻找合适的出版社。高正先生现任上海建桥学院商学院金融工程系教授，除主要教授金融工程课程外，也兼授国际班商业信息学（business informatics）、项目管理（project management）、中国电子商务（China e-commerce）等相关课程。

前　言

《从优秀到卓越》（2001年出版）应是学习《基业长青》（1995年出版）之前书，探讨企业变革转型成功的组织与领导的物理学。《基业长青》主要探讨长青企业万岁的秘诀，学习做到基业长青很难，中小企业要先学怎样"从优秀到卓越"。

《从优秀到卓越》目前在美国管理实务界拥有很高的评价。2014年4月，在美国《财富》杂志每年公布的全球500强公司CEO最喜阅读书籍的调查中，《从优秀到卓越》虽已出版十几年，仍然排名第一。柯林斯另一本更早完成的《基业长青》则排第六。这两本都是商业实务界的案头书，深受各界推崇。2009年5月，《纽约时报》曾专文报道：《从优秀到卓越》销售已超过400万本。

《财富中国》杂志在2016年4月翻译并转载

《财富》戴维·兰普顿（Lampton）的专文，兰普顿针对新创公司与中小企业高管，罗列了25本私人企业主的藏书，其中柯林斯的《从优秀到卓越》又荣获第一。

但是，由于书中的故事、个案例证都以美国公司及其执行长为主，没有亚太地区的本土故事，很多人读起来觉得没有共鸣。因此，我在企业界以及公司内部培训中，虽然经常引用该书中的观念，但是引用的都是中国本土案例，这样有助于相关同仁更有效地了解《从优秀到卓越》的管理意涵。

《黄帝内经·素问·四气调神大论》说："圣人不治已病治未病，不治已乱治未乱，此之谓也。夫病已成而后药之，乱已成而后治之，譬犹渴而穿井，斗而铸锥，不亦晚乎？"企业亦如是。

柯林斯就像是"神医扁鹊"的兄弟，他的《从优秀到卓越》便是提供企业界"治未病"的方子。企业也有生老病死，每个企业主都梦想公司不要"生大病"，每年"治未病"后，就能长命百岁，基业长青。综观今日美国，的确有很多企业已超过百岁，依旧体力充沛。

柯林斯在《基业长青》一书中，研究的是企业长寿的要领。《从优秀到卓越》则提供了《基业长青》中没有谈到但很多书迷想知道的内容，那就是一些公司如何由创业时的小公司成长为大型企业；公司也曾濒临破产，它们是如何有幸遇到伟大的领导人从而力挽狂澜，扭转乾坤，然后一路选对继承人接棒，经由几代、几十代持续经营，进而跃居《财富》500强。

《从优秀到卓越》是这些企业成长与转型的黑箱（black box），柯林斯称它是人类各种组织成功绩效的"物理学"。因为物理学是永恒的，可以超越空间与时间。

相对于许多具有百年历史的国际大公司，中国的华为公司在短短 30 年间成长为全世界最大的通信公司，2016 年营收为人民币 5850 亿元（约 850 亿美元），对比 2015 年营收 3950 亿元（约 608 亿美元），同比增幅达到 48%，再度超越前一年 32% 的增速，增幅位列全球千亿规模以上企业第一名，并且设定于 2020 年营收达到 1500 亿美元的目标。

在 2016 年 5 月 30 日中国科技创新大会上，华为总裁任正非不讳言其"迷茫"：华为正进入"无人区"，走在无前人领航的路上，一是无既定规则，二是无人跟随。这一段话展现了任正非的危机意识。

任正非非常欣赏《魏文王问扁鹊》这篇文章。扁鹊告诉文王，他的大哥医术最高，因为大哥治病于发病之前。一般人却不明白他事前解除病因的这种功力，其实这是治病的最高境界。任正非这 30 年来就是专为华为"治未病"，建立以客户需要为中心的核心价值。只要客户的需要一直存在，华为就永远存在。

"治未病"是一个卓越企业实现长青的关键，《基业长青》一书中的观点明确说明了华为之所以持续卓越的原因。如今，中国中小企业即将面对下一个 20 年，而国内外并购正处在"春秋战国时代"，若对标《从优秀到卓越》，分析中小企业"转大人"（上市）的过程，则会达到"治未病"的功效。

《变革管理的大桥》以中国本土化的故事来辅助说明，以加深读者的理解。另外，中小企业在概念学习之后，大多希望有具操作性的"办法"可资参考，因此本书建议中小企业分三个阶段来发展。

《管子·国蓄》中说:"利出于一孔者,其国无敌;出二孔者,其兵不诎;出三孔者,不可以举兵;出四孔者,其国必亡。"中小企业组织规模小,领导人要带领部队走向成功,更须拥有"力出一孔,利出一孔"的统帅能力。联想董事长柳传志说,领导人的管理有三要素:"建班子,定策略,带部队"。这九个字的"口号"恰恰体现了《从优秀到卓越》全书的观点。看完本书之后当会深深体会到,成功管理物理学可以超越时空,它真的是永恒的。

目 录

| 导 论 | 对标学习《从优秀到卓越》 | 1 |

| 第1章 | 优秀是卓越的大敌 | 21 |

第1节 《从优秀到卓越》中宏观"楚汉相争"   25
第2节 联想管理三要素解读   36

| 第2章 | 建班子 | 40 |

第1节 项羽四级领导 vs. 刘邦五级领导   41
第2节 四级领导者的特征及对组织的危害   54
第3节 四级领导者多数长期外强中干，由盛转衰   62
第4节 中国民企五级领导者代表——魏桥创业张士平   64
第5节 五级领导者满足员工"马斯洛需求"之洞见   71
第6节 先人后事——从《易经》"谦卦"寻找对的人   82

第 3 章	定策略（与决策）	89
第 1 节	毛泽东的万里长征是斯托克代尔悖论的典范	90
第 2 节	上市是中小企业的 BHAG	94
第 3 节	从认清残酷事实到掌握刺猬法则——美克·美家的品牌奇幻之旅	100
第 4 节	从纪律文化试谈白象转型的困境	108
第 5 节	SWOT 策略高手张良	118

第 4 章	带部队	123
第 1 节	对标卓越公司，学习对齐的三件基本纪律实务	124
第 2 节	全面客户满意范例——中国台湾 7-11 的高效物流纪律	145
第 3 节	对标卓越公司，学习对齐的进阶管理实务	149
第 4 节	中国台湾统一企业成长期的飞轮故事	162
第 5 节	中国旺旺食品的成长与跌宕	174
第 6 节	对标卓越企业与团队对齐实例——神脑国际之变革上市	186

第 5 章	结语	191
第 1 节	《从优秀到卓越》是难得的"对标管理"的好书	191
第 2 节	《从优秀到卓越》是美国商业的《易经》	195

推荐文		205

导 论
对标学习《从优秀到卓越》

通过"对标管理"可以认识一流，找差距，然后赶超，是见贤思齐的好办法。中国中小企业一向习惯由内看外，应该改变这种方式，由外看内，否则不转型或转型不成功，公司就只能慢慢下沉，走上一条通向死亡的道路。

在中国的历史长河中，国家治理成功的道理隐藏在《易经》中。到了春秋战国时期，百家争鸣，治世理论已臻成熟。北宋的《资治通鉴》是司马光以君王为阅读对象，收集自春秋战国1300多年以来君臣间对话以及行事的"通"史。司马光再加以评述，作为"资"助君王"治"理国政的"鉴"镜。因此，《资治通鉴》可以说是古代政治领域的《孙子兵法》与君王的教科书，今日商学院的案头书。

《从优秀到卓越》英文原版共计9章，210页，是作者费时5年（1995—2000年）通过田野调查写成。柯林斯的研究团队以1965—1995年这30年间曾经位列美国《财富》500强的1450家公司为研究对象，先财务"定量"研究，挑出11家卓越公司与

17家对照的优秀公司。然后进入"定性"统整阶段，对这些公司的执行长与高管的领导质量进行研究。因此，《从优秀到卓越》可以说是一本谈美国大公司领导风格的书。

这样看来，《从优秀到卓越》可以视为美国企业管理界的《资治通鉴》。事实上，《从优秀到卓越》未面世的内容达几千页、上亿字，已出版的部分只是所有研究成果这座大山的一角（占比不到15％），可谓是柯林斯团队研究心血的浓缩。

毛泽东自19岁得恩师王公赠书《资治通鉴》后，曾自述一读再读此书达17遍。以1920—1949年这近30年的历史来看，毛泽东带领中国共产党走向胜利过程中的决策、思考，面对关键问题的态度、方法，他的黑箱等，都可以从《资治通鉴》中找到相对应的个案。毛泽东的很多战略、战术，追根究底，都来源于对《资治通鉴》的理解，无人出其右或可与其比拟。这股把一本《资治通鉴》研读17遍的毅力，一方面是因为毛泽东志向远大；另一方面，也能看出毛泽东具有实事求是的精神。

我们现代人没有那么好的国学基础及学习诱因，绝大多数中小企业主很难"迂回"地透彻学习《资治通鉴》，然后再将其运用于公司治理过程中。但是，归纳《资治通鉴》中君王的治理目标和原则，其实大都可在柯林斯的《从优秀到卓越》中找到呼应。柯林斯用科学的研究结果来印证成功组织的"绩效管理物理学"，可以从中发现：成功管理的物理学是恒定不变的，其工程学则会因时而进步变化。

一页看懂柯林斯的《从优秀到卓越》

> 战略越精练,就越容易被彻底地执行。
>
> ——约翰·里德,花旗银行董事长

《从优秀到卓越》的飞轮——吉姆八步:

1. 五级领导者
2. 先人后事
3. 面对残酷事实,永怀成功的信心
4. 刺猬原则(三环交叉的 BHAG:big,hairy,audacious goals,即宏伟、艰难和大胆的目标)
5. 强调纪律的文化
6. 以管理科技为加速器
7. 飞轮作用
8. 由优秀到卓越,再到长青

表 0-1 《从优秀到卓越》主要内容

章节	主要内容	
第一章	优秀是卓越的大敌	
	优秀者做不到卓越者的表现,主因是没法改变自我优秀的心智模式,不想超越自我	
第二章	卓越 CEO,五级领导者	优秀 CEO,四级领导者
	谦逊+专业坚持	不谦逊或过分自我,严苛无情;也不专业坚持

(续表)

易经卦（楷体字部分）	干卦（近）：群龙无首，大家都是自律自强的龙，团队已纪律化且自强不息，天行健	剥卦（近）：一个天才领导人发令，1000个助手只听令行事，没有指令就不行动
第三章	先人后事	先事后人
	招人先看是否满足谦逊与专业坚持两个条件	招人不谈谦逊与专业坚持两个条件，先做事再说
第四章	斯托克代尔悖论（the stockdale paradox）（能九死一生，反败为胜）	过分乐观，缺少能九死一生、反败为胜之坚持与本领
	就是意志坚定、行为卓越的表现，败必转胜	失败时沮丧，怨天尤人，怪天要灭我
第五章	刺猬原则（名人、伟人都按刺猬原则行事，专攻一件事）	不守刺猬原则（像狐狸一样转来转去）
	能缩，先求生	不能缩，硬拼，暴躁冲动，不愿忍
	伟大、艰难、大胆的计划与共同愿景较强	伟大、艰难、大胆的计划与共同愿景相对弱
	能伸，有大计划，伸展空间很大；团队有高热情、高技术、高经济诱因	也能伸，但计划的伸展空间小；团队热情低、技术差、经济诱因弱，假愿景或无执行条件
第六章	纪律文化训练有素的人、思想、行动	纪律文化训练不足，缺自律的团队
	团队对齐，自主管理好	团队还未对齐，也难对齐，无法自主管理
第七章	妥善实行新技术，管理能力强，建立在三环上	管理能力较弱，对新技术摇摆不定，急躁，实施基础弱
	具有创新力，适应力强	保守，落后，适应力弱

（续表）

第八章	飞轮：正转＞反转，逐渐起飞	飞轮：正转＜反转（厄运的开始）
	净正转向上	净反转增加中
第九章	长青企业（五级领导，代代昌盛）	达不成卓越，企业也无法长青，往往优秀领导人死后，人亡政息
中国故事	刘邦、毛泽东	项羽、蒋介石
注：只就某时期之领导表现而论［楚汉相争（公元前206—公元前202年），中国共产党历史经验（1927—1949年）］		

> 对上司谦逊，是一种责任；对同事谦逊，是一种礼遇；对部属谦逊，是一种尊贵。
> ——富兰克林（Benjamin Franklin），美国政治家与哲学家

根据柯林斯团队所作的调研，他们要找的管理"黑箱"是：企业的五级（顶级）领导者们都做了些什么？

柯林斯首先找到五级领导者的个人特质：谦逊与专业坚持的意志力。柯林斯特别强调这并不是他本人的个性。另外，他很惊讶地发现，五级领导者并非必然能言善道，他们并不喜欢在媒体前曝光以增加个人知名度与魅力，但是，他们却全都愿意为团体公利而放弃私利。他们擅长作出使企业转型成功与起死回生的决策，不管遇到何种困难，他们都会坚持到底。

柯林斯所调查访问的28家公司全都是杰出企业。调查结果发现：五级领导者作出优秀管理行为所必备的两个前提条件是"谦逊＋专业坚持的意志力"，并且这两个条件同时存在。而略差

的四级领导者通常缺少谦逊或专业坚持的意志力其中之一，或两者同时缺少，他们尤其在团队分工与培养接班人方面做得很不理想。四级领导者常采用"集权领导"方式，即"一个天才带一千个助手"模式，因此做不出五级领导者所表现的行为，达不到五级领导者所能达到的组织绩效。五级领导者的团队是每个管理层都有"龙头"，看起来是群龙无首，事实上是不用"首"就能自主管理得很好，如"天行健"生生不息，表现出长青的生命力。

柯林斯的五级领导金字塔，暗含五级领导者相对于四级领导者的优越性，但他有所保留，并没有明确表明四级领导者的缺点。然而，通过四级领导者晚期或卸任后的负面结果（公司绩效急速下滑、没有成功的接班人，等等），可以看出四级领导者的明显缺点。例如，刘邦因顾忌下属抢功、抢权进而威胁其领导与安全，反而在得天下后，领导力大幅度下降了。

东方的企业大都是家族企业，甚至上市后也是如此，企业主及CEO基本上没有较强的董事会制约。虽然西方公司治理的精神与方法逐渐推广到东方，但在传统文化制约下，东方企业较难执行西方董事会的功能。

所以，在东方，以四级方式领导的公司，既没有强有力的宗教文化熏陶，原本儒家文化的影响力也逐渐退去，在塑造五级领导力中"谦逊"方面的力道自然越来越弱。没有谦逊及坚持就会变成四级领导者的普遍行为，以及他所领导的公司的普遍文化。

司马光的《资治通鉴》所收录的就是四级领导者的内容。它虽然是"帝王教科书"，但观诸历史，好皇帝、好臣子还是占少数。因此，要修正及引导中国企业主走向具有"人本"及"人文"内涵的五级领导者，还有很长的一段路。因为每个现在掌权的公司领导人，都认为他当下的管理及领导风格是最正确、最恰当的。

特别是四级领导者往往克服过很大的困难，才使得公司规模很大，营收很多，获利很好，认为这样就是成功。所以，四级领导者往往都是以超聪明、超能干、超努力的领导方式，走完他的职业生涯。四级领导者的缺点往往在外界环境与技术发生改变后显现出来，这时公司组织转型应变不及，以及在集权领导的特质下，领导人自己的儿女、下属受到较多庇荫，缺少磨炼，所以接棒能力弱，造成在第二代第二轮竞赛中，逐渐败去。当然，不可否认，很多四级领导者的一生的确活得很精彩，建立了丰功伟绩。

柯林斯始终没有明确告诉我们四级领导者的结果是什么。看来不好的方面很多，但不敢骤下结论，如《易经》中所说，这是"剥卦"的结果，请看之后相关解卦。

虽然中国人和美国人民族特性不同，尤其在文化、生活习惯、教育、风俗等方面有许多差异。中国企业的管理个性自有其民族渊源，管理人员的管理风格亦有若干源自其特殊文化的特质。但是，在当今的互联网时代，全球已变成一个地球村，很明显，东方与西方的差异已愈来愈小。中国的"90后"目前是基层人员，"80后"是初中级干部，"70后"是中高级干部，这些人经由互联网和世界密切接轨。西方企业追求卓越的过程，犹如"他山之石可以攻玉"，值得我们借鉴与效法。

这里，可以通过中国流传极广的历史故事加深理解：

故事一：秦孝公第三次面试商鞅时，终于听到他要的"霸道与法治"，因而喜出望外。因为羸弱的西秦没有时间再等，再不富国强兵，必为大魏所灭，所以秦孝公要下重药治重病。看大秦帝国故事，同时对照《从优秀到卓越》，我们将把重点放在观察与学习秦孝公的变法决策与其在变法中的角色与作为上。

故事二：在楚汉相争中，项羽是优秀人才，出身将门之后，幼时即受教育，待人宽厚，身材高大，一表人才。凭借祖父与叔父的功名，24岁就登副将高职。而刘邦是市井流氓，贪杯好色，小时因家穷没法儿读书，但最后却得天下，建立汉朝，是第一个平民出身的皇帝。对刘邦的成功"黑箱"，历史学家有很多讨论，我们套用柯林斯的研究结论加以演绎时，又产生了新的观点。

> 办公司就是办人。人才是利润最高的商品，能够经营好人才的企业才是最终的赢家。现代企业的竞争，归根结底是人才的竞争，从这个角度来说，人才是企业之本。
>
> ——柳传志，联想集团总裁

在楚汉相争中，刘邦之"无为、无知"而有"大为、大知"，因为他有三公——张良、萧何、韩信这三个"对的人"当得力助手。相对地，项羽自兼三公，又是张良（鸿门宴气走范增后），又是萧何，而自己已是韩信。从项羽的组织与领导的卦象上看，在他27岁自命为西楚霸王，分封十八路诸侯但随即有人造反后，他的组织立即反转拐点形成"剥卦"的趋势，且越来越明显。难怪当时的张良、陈平等谋士力谏刘邦推翻《鸿沟协议》，他们一定都学过天文、易学及兵法,"掐指一算",项羽必死,自然可以大胆毁约并追杀项羽。可惜,项羽还来不及回家,便自刎于乌江。

回顾当年萧何月下追回韩信,原因何在?这时,刘邦在彭城为项羽所败,底下诸将看刘邦没有未来了,便都选择离开,当时韩信也逃了。萧何发现后,对于其他逃跑的将士都不追,却独追韩信,害得刘邦以为萧何也跑了。若萧何也跑了,那么刘邦的时代就真的结束了。我大胆猜想,彼时萧何已知韩信有天下第一名将的潜力,但转投刘邦帐下仍是不获重用,所以只能跑掉。假若韩信再回到项羽军中,而项羽选择收留并且加以重用的话,那么刘邦的历史就将终止于此。

因为萧何有先见之明,他知道刘邦、张良与他自己都不是带兵的料,没有韩信,大事难成,因此非追回韩信不可。果然,韩信重回刘邦帐下后,通过一场简报会,让上下确认英雄相见恨晚,借着封韩信"大将军",稳住了刘邦的军事组织。后来,刘邦命令韩信北上攻赵地、三秦、代国、燕国、齐国,半个北中国江山就靠韩信被封大将军而打下。这个"先人后事"的方针,果然为赢得垓下决战奠定了稳固的基础,这时刘邦击败项羽的胜果已如在囊中。

柯林斯把五级领导的工作"黑箱"掀开,发现五级领导者近一半的时间都用来找"对的人"来做事,调整人事,把不对的人请出去,而留下对的人,这样才能避免"请神容易送神难"的巨额成本支出。所以,任正非先生说:"首席执行官CEO就是大HR(人资长)"。

变革管理的大桥

五级领导者找人时，先看有没有以下"两个好的基因"：谦逊与专业坚持的意志力。他们在募才时，条件严格，宁缺毋滥。而四级领导者本身并不太能体会"谦逊与专业坚持的意志力"的重要性，自然不怎么看重这两项条件，只想快速找人上任做事。

> 危机不仅带来麻烦，也蕴藏着无限商机。
> ——格雷格·布伦尼曼，美国大陆航空公司总裁

五级领导者意志坚定，在面对残酷事实时表现更为突出。它可能是濒临死亡或彻底失败时，忍人之所不能忍：可以先缩头求生；可以忍胯下之辱，以免横生杀人枝节误了大事；可以先称臣示弱保命，以图日后再起。若诈死诈降可以是求生的策略时，以上全都可以一试。反观四级领导者，他们一向属于人生胜利组的成员，一旦遭遇挫折，只会觉得自尊心深受伤害。他们在失败时沮丧、怨天尤人，完全失去平日所表现出的强人样貌，变得情绪化。例如，项羽兵败垓下后竟以自杀方式面对刘邦的追兵。他不会运用"刺猬"战术，先缩头渡河保命，后图反攻。美国海军上将斯托克代尔（Stockdale）在逃出越共俘房营后受访时说道："在战争中死亡的俘虏，大都是平日过于乐观的人，他们一致认为美国政府必定会很快来援救。一年又一年过去，最后这些人反而先丧失了生存意志而死亡。"项羽在反秦战争与楚汉战争中，连赢70场次，他死前一定在想：我怎么可能败呢？

毛泽东由江西的井冈山经两万五千里长征转移到延安，主因

是延安比井冈山更具"刺猬"的生存特性。毛泽东到延安才找到"刺猬"理论，在这之前是共产革命"前刺猬"的爬行阶段。延安临近外蒙古、苏联、新疆、东北等地，比较容易转进有活命机能的地方，可能苏联的东北政策是毛泽东考虑的重点。

毛泽东由井冈山经长征到延安是斯托克代尔悖论的前段。抗战胜利后又利用抗日与高明的外交，早国民党三个月进入东北接收关东军装备，做好反败为胜的主动攻击准备，终在1949年10月建立中华人民共和国。毛泽东反败为胜的事迹比斯托克代尔将军逃出俘虏营的故事更具有激励性，影响着中国十三亿各阶层人民的思想。中国商界人士坦言，学习毛泽东的军事思想，就是学他在近三十年艰难过程中的"坚持"与"九死一生，反败为胜"的思想。

相对来看蒋介石的领导，他的团队被美国杜鲁门总统批为腐败政客集团，这是四级领导下"树倒猢狲散"的结果。

五级领导者知道要通过对的决策来实践，很重视现场的事实与基层意见，无论碰到何种困难都能沉着应战，永远充满信心，务必完成任务与目标。同时，他们也很有逻辑思维能力，能画出"由地上爬到起飞"的地图，然后按部就班去执行。这类五级的卓越管理者"能屈能伸"，当他们找到既能"大伸"又能振奋人心的BHAG时，卓越的管理环境就能够使团队充满热情；再加上拥有金牌技能，承诺提供满意的报酬，这时BHAG便很容易突现。而四级领导者既没有实质可行的BHAG与愿景，又缺乏团队组织绩效三大要素即热情、金牌能力、经济诱因的投入，所以必然在经营上难以维持好成绩。

□ 变革管理的大桥

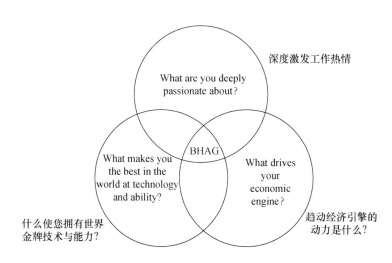

图 0-1　BHAG 与三环交叉理论的关系

> 企业的执行力靠的就是纪律。
> ——华正昕，中国台湾华建公司总裁

在日常工作中，五级领导者带领团队的作为对企业而言具有重要作用。首先要解决"团队对齐"问题。卓越管理团队即五级领导团队的自主对齐能力强，同时领导者对对齐命令的执行力亦强。而四级领导者执行力稍弱，团队成员自主对齐能力弱，使得对齐所需时间较长或失败，导致公司绩效与竞争力较弱。

五级卓越领导者团队既可以由上而下也可以由下而上推动创新管理技术的实行，而四级优秀领导者团队属于集权结构，创新科技的采用只能由优秀领导者由上决定，员工参与度不足，所以科技创新实行的速度与决策质量多有不足。

其实，比较好的做法是：针对公司的管理，设计系统性制度与组织权责，每个职位的权责均通过文件说明清楚；同时，管理规则、作业技术、技术手册都适时更新；对上岗所需条件与训练所要达到的水平，都作出明确规定。日常管理过程中员工依制度性规定与技术作业，达到工程的项目管理目标：质量更好、完成时间更短、所用成本更低。另外，看不到但却更重要的是要维护公司的核心价值观与公司的经营目的，例如，对于核心价值观"诚实苦干"应如何长期运作并永续保存。经过这番高度"对齐"训练后，将组成一个纪律化的团队。

当老板的大都是急性子，都想三步并做两步走，甚至一步走。"工欲善其事，必先利其器"，产业的管理竞争端在管理工具与技术的引入与落实。然而，柯林斯的《从优秀到卓越》只谈管理"物理学"，不谈管理"工程学"。所以，我们要借由另一位哈佛著名教授加里·哈默尔（Gary Hamel）的理论来谈管理科技1.0，即1960—2006年这近50年间，各大公司普遍采用的成熟的管理工具与技术共有12项，足够中小企业用15—20年去引进并加以模仿实行。我建议先引进一部分，若将这一部分实行好，公司的转型绩效就会很可观了。

现代企业的成长很多源自并购（M&A），并购是21世纪CEO们最大的挑战。并购必须要有综效（1＋1＞3），但因并购管理失败以致1＋1＜1的案例也很多。并购飞轮的运转有时正转，有时反转，领导者在公司转型与成长过程中要加速飞轮正转，并且扳正反转。

反秦战争刚起，所有人都看好项梁与项羽这一组，豪杰纷纷投靠，所以转起反秦的飞轮，功在项羽这一边。巨鹿之战，项羽灭秦主力于巨鹿，坑秦兵20万人，各国诸侯皆爬行入军帐拜会，彼时项羽是天下"大哥"，大势几乎底定。但项羽进咸阳城，杀秦三世，火烧阿房宫，报仇手段非常不仁。加上项羽分封十八路诸侯国有偏私，诸侯反叛又起。这时，刘邦封地汉中，纷有项羽旧人马前来投靠，于是项羽的飞轮开始反转，刘邦的飞轮则逐渐朝正转。直到萧何月下追回韩信并封大将军，韩信带兵北上攻赵与代，声势看涨，飞轮加速正转。刘邦借此结合反项羽力量共56万大军，趁项羽攻齐时，突袭西楚首都彭城，但却被项羽三万精兵打败，落荒而逃。刘邦连父亲、老婆、儿女都不顾，找纪信假扮自己以掩护自己出城。至此，刘邦的飞轮再反转，汉军几乎被消灭。

然而，刘邦意志十分坚定，屡败屡战，积极部署反攻计划。派韩信由北边攻齐，用以在东北边牵制项羽，他自己作为反项羽阵营的老大，率领黥布、彭越和韩信的兵，加上萧何所征调的新兵，共60万大军二攻彭城，这时，他的飞轮又正转至最高速。此时，项羽兵马已累，于是和刘邦讲和，签下《鸿沟协议》，刘邦的飞轮净正转达史上新高点。

后来，张良、陈平建议刘邦追杀项羽。张良的"四面楚歌"与韩信的"十面埋伏"，使得项羽在垓下自杀，结束了他的飞轮。此时，刘邦反秦与赢得天下的大BHAG终告完成。

飞轮的正转与反转，随时都会发生变化。很多人骑墙观战，要等局势更清楚时才押赌。所以，领导者在这一过程中要交出成绩，才能使更多人来投靠，使自己的资源更多。

看楚汉相争这段历史，项羽最大的敌人是他自己的个性

(personality)、个人特质（traits）所带出的四级领导。刘邦也不是完美的五级领导者（年轻时不是，年老时也不是），很多人说老实的韩信被刘邦骗了一辈子。而以张良的智慧，他早已料到刘邦之流是兔死狗烹的无情与粗鲁人物，但因怀抱的是为韩国复仇的终极目的，若选刘邦，成功的机会高过选项羽。这就像是在两个不完美的人中，选一个比较好的人，这在当时的时空下的确有些无奈。

再从精神面来看，《从优秀到卓越》实质上非常具有中国文化特质。它贯穿"时"（20世纪90年代的西方管理思想 vs. 公元前中国管理智慧），也贯穿"空"（中国的东方商业管理 vs. 柯林斯的西方商业管理），是可以超越时（古今与未来）空（西方与东方）的领导人卓越绩效管理参考书。

在《从优秀到卓越》中可以看到很多具有中国味道的"阴"（保留核心文化、价值观、意识）与"阳"（看得到的行动、作业、改变，具体的产品、服务），它强调"AND"阴阳相生，而非"OR"阴阳相背。尤其在柯林斯更早出版的《基业长青》一书中，更显露出东方的"阴阳太极"是卓越王道，这从书中几乎每章章头都用到阴阳太极图便可以看出。

任何组织文化都是阴与阳的互动，就像大自然的白天（阳）与黑夜（阴），人们得以工作、休息，生生不息。这一发现引起我的兴趣，通过YouTube网站学习陈明德教授的《易经与管理》，进而在我的实务印证中找到极具意义的发现。

中国阴阳学说来自《周易》八卦，进而衍生出六十四卦。在组织中，依上、中、下三阶层的阴阳组配而运行，其运行的黑箱

（不可知其如何得知）的结果，清晰地表达在卦象上。例如，四级领导下的组织是典型的"一人天才，一千个助手"，卦象是剥卦。换言之，像一座山慢慢剥落而致坡滑山倒，时间不可知，但结果可知。

柯林斯在《从优秀到卓越》的个案中揭露很多在1965—1995年这30年间走完全程的企业在四级领导下的后果。而中国早在3000多年前的《易经》中，就已明确点出这是外强中干、外华内虚的剥卦，已过成长拐点，将逐渐走向衰败、死亡。

今日战局靠兵棋推演，2000多年前的人则靠《易经》作组织与领导用人的排演、模拟、决策与执行。中国古代的"谋士"只能通过研习兵书、相书、易学、天文、地理，以利战事。而如今，有了《从优秀到卓越》这本堪称现代商业最优秀教科书的辅助，企业主在管理实践中有了重要的参考依据。

总之，当企业主提升自己从而成为五级领导者时，物以类聚，可以以自己的风格吸引具有同样风格潜力的人先进入作业层、执行层。未来15—20年后，又有一批五级领导者风格的决策层可以主导公司运营。这样的人文、阴性、看不到的公司价值观，是公司转型成卓越及卓越永续的基石。

有五级领导者及五级领导潜能的作业团队，大家都在为公司利益打拼，上情下达，共同面对困难，一起解决问题。有五级领导风格"基因"的人，自己就是"纪律人"，纪律人不需太多官僚性管理，大都知道"不可为"的责任框架，并且会在框架内尽情发挥所长，由此展现自主性责任与自由，是纪律文化的极致。

纪律人、纪律思考以及具纪律的操作行动，加上始终黏住刺猬概念来执行，将能确保公司在三环操作——绝对热情、金牌技术与满意酬劳下，朝向BHAG前进（简称"登月计划"），推动飞轮越转越快。这也是为何美国《财富》500强公司生产总值越来越高的理由所在。因为这些快速正向转动的飞轮，公司无坚不摧，攻无不克，资源雄厚，强者越强。

然后，加入对新管理科技的实行及运用，卓越公司更得天独厚。由于优先采用、普遍采用、更低销售成本地采用，这个管理技术面基本上是实相的工具，很多管理工具的创新是由于认识到有需要而启动调研。未来新科技如物联网（IOT）、线上线下整合O2O、移动定位及大数据的管理运用、机器人、高附加层次的人工智能（AI）等，拥有它们对这些卓越公司来说，是如虎添翼，战力自然大幅跃增。

另外，《从优秀到卓越》这本书既然像柯林斯所说的能够超越时空，研究由优秀到卓越、企业转型、新创企业追求卓越永恒的成功"物理学"，那么就算是不同组织如商业、政府、国家、NGO（非营利组织）、军队、学校等，甚至不论组织大小，都能一体适用。柯林斯在书中第九章讲了最后一个故事，即一位业余的MBA金融高管义工，如何协助一所学校的越野赛队伍（cross-country）经过努力得到州冠军的故事。这是《从优秀到卓越》中的理念成功地运用在一个越野队伍训练及管理上的牛刀小试。

那么，对照《财富》500强所发生的"从优秀到卓越"的故事，在中国是否也有与它们相似的本土故事？我一直努力探索

《从优秀到卓越》的内涵，并收集许多发生在中国的"从优秀到卓越"的故事，从而印证成功物理学，同时试着在本书中加以分析。

我在企业实际工作与教学近40年，其中在卓越的外企工作10多年，如礼来（Lilly）、卡夫（Kraft）、摩托罗拉（Motorola），都是《财富》500强公司。

我曾在中国台湾一家小型企业担任企业转型实际领导人角色，工作的10多年间，通过我的努力，该公司的营业额增长了10倍，一跃成为大型企业。另外，值得一提的是，我曾工作过的统一企业，成立于1967年，稍晚于沃伦·巴菲特的波克夏（Berkchira）。统一CEO兼总经理高清愿先生是典型的五级领导者。统一由1967年创业初始的约100万美金资本额，到2015年营收高达160亿美金左右。这一惊人的成长倍数以及成功物理学，在大约相同的年代里，相对于《从优秀到卓越》中的美国公司毫不逊色。

我在中国大陆地区的大企业担任高管的时间合计约15年。在上海工作的数年间，我观察到中国的企业主、高管及百姓们十分认真，整个中国的商业活动处在"春秋战国"时期，企业充满活力，处处有成功的诱因。大家都很拼命，可以说目前全世界"第一拼"在中国。

中国从1978年改革开放至今已将近40年，我认为中国有历史根基，再度回到世界工厂及世界最大消费市场的座位上是迟早的事。

导 论
对标学习《从优秀到卓越》

在 21 世纪的今天,"上市"将是中国中小企业 15 至 20 年内伟大而艰难的计划。中小企业依《从优秀到卓越》一路努力到上市,是卓越阶段的开始。要想保持卓越的长青管理方法,就要精益求精,持续选对人以培养"造钟者",要自己培养接班人而不要外找,要保持核心价值观,也要不断提供刺激以求进步。卓越要靠企业文化,要像教徒般去宣达教义。《易经》看自然界规律是"始壮究"的循环,如春夏秋冬。一个公司换季如同时序,要具有"究终始上"的远见与准备,如坤卦第一爻所示"履霜,坚冰至"。

《从优秀到卓越》从深化领导人自身领导力做起,将帅之才表现在知人善任上——找对的人上车,由此建立班底,制定纪律,制定追求核心事业达顶尖水平的策略,进而使全员以饱满的热情去执行。这样的天时、地利与人和齐聚,建立大事业的成功概率就会很大。

今天,许多中小企业创业主与公司高管们可能没有很多时间或好的基础学习许多意在言外的领导学知识,尤其公司内每天都会出现问题,每天都要追逐目标求进步。这时可以如同小孩习字"临帖"般开始下功夫,而柯林斯教授的《从优秀到卓越》便是极好的临帖。对标《从优秀到卓越》,本节揭示了八大项学习程序——可以称之为"吉姆八步",方便读者一步步配合案例,深刻理解。从我 40 多年在业界的实务经验来看,《从优秀到卓越》的内容算是巨细无遗,所涉及的方法也确实具体可行。本书作为中国版的《从优秀到卓越》,若企业主在看完后能有所领悟与改进，不管做到多少，都能给个人与公司加分，那么共200多页的《变革管理的大桥》就很有价值了。我建议有心人士先熟读《从优秀到卓越》和《变革管理的大桥》并即知即行逐一实践，这样公司一定会有亮眼的进步。

第1章
优秀是卓越的大敌

企业不能单靠一个精明的老板,高树下经常寸草不生。企业是由经营者的领导才华所决定的。

> 扁鹊过齐,齐桓侯客之。入朝见,曰:"君有疾在腠理,不治将深。"桓侯曰:"寡人无疾。"扁鹊出,桓侯谓左右曰:"医之好利也,欲以不疾者为功。"后五日,扁鹊复见,曰:"君有疾在血脉,不治恐深。"桓侯曰:"寡人无疾。"扁鹊出,桓侯不悦。后五日,扁鹊复见,曰:"君有疾在肠胃间,不治将深。"桓侯不应。扁鹊出,桓侯不悦。后五日,扁鹊复见,望见桓侯而退走。桓侯使人问其故。扁鹊曰:"疾之居腠理也,汤熨之所及也;在血脉,针石之所及也;其在肠胃,酒醪之所及也;其在骨髓,虽司命无奈之何。今在骨髓,臣是以无请也。"后五日,桓侯体病,使人召扁鹊,扁鹊已逃去。桓侯遂死。

优秀的企业领袖年轻时都像齐桓侯(田午),凭强硬的手段与超强的个人能力，创立基业，甚至把公司从几次危机中拯救出来，自然对自己充满自信，有深深的成就感。他们与大多数贤明君王一样，早年励精图治，中年开创霸业，晚年开始享受荣华富贵，但却刚愎自用，听不进别人的意见，不会轻易承认自己或公司出现问题，因为这太伤自尊心。

优秀的首席执行官即 CEO 往往才华横溢，是"一夫当关，万夫莫开"的大将，但已生有病象（已病），只把部属当听命行事的助手。当他愈形年老，公司的病情也逐渐加重。在他去世后，公司继承人往往无能力承继大业，一个公司很快就衰败了。这就像扁鹊最后目视齐桓侯时，即知桓侯已病入膏肓，无药可救。

一般优秀的 CEO 很难听进柯林斯在《从优秀到卓越》中的建言，总是自行其是，所以柯林斯说这些 CEO 曾经拥有的优秀，竟是他调研过的卓越 CEO 的敌人。

韩国三星因为 Galaxy Note 7 产品发生多起电池爆炸案（2016—2017 年），回收销往全球的 250 万台手机，仅 2016 年前三季度三星的利润就减少 4300 亿韩元（约 4 亿美元）。科技新闻网站 CNET 称，三星犯下了在制程中对电池模版施压的错误，导致电池正负极接触的致命性危机。

三星代表也证实，电池自爆是因为同时存在几个缺陷，包括次佳的制程导致压力变异，以及绝缘胶带不足，让电池两极暴露等。

彭博社臆测：三星高层看苹果 iPhone 7 了无新意后，见猎心喜，因此急于让具有快速充电和电池续航力达 9 个小时等多项优点的 Note 7 提早上市。没想到发生华为任正非总裁提醒员工的 18 个故事之一，即瑞典国王"瓦萨号"沉船的经典教训：没有人敢向国王阿道夫斯报告，新船是不能任凭国王随意改变设计与建造要求的。后来，新船仅下水十多分钟，就在众人眼皮子底下沉入海中，肇因于国王的命令没人敢违抗。

《悉尼晨锋报》则认为，三星的重大错误，突显出这个家族企业的组织层级与决策模式出了问题。它倾向于高管集体决策，从而阻碍了内部创新和提出异议的勇气，员工只要听命行事便平安无事，自作主张者反容易成为被肃清的对象。在这种组织决策气氛下，让 Note 7 提早上市可能备货不及或安全堪虑的内部提议销声匿迹，从而导致电池自爆频传而后被禁上飞机与全面回收的惨剧。

企业像人，很多未病或小病是可以治愈的，但优秀执行长却刚愎自用而放任病情恶化，最后变成绝症。

我对《从优秀到卓越》第一章"优秀是卓越的大敌"的内容感触特别多。《从优秀到卓越》的章节像极周易八卦对每一卦的"序卦"及"卦辞"说明。《从优秀到卓越》全书的序卦就是"优秀是卓越的大敌"，优秀管理者自认已到"至尊"，没有好奇心探询别人的成功，因而自满、刚愎自用，失去了更卓越的眼光，柯林斯把全书内容精要都融在这一句话与这一章当中。

每个公司的董事长和高管都希望公司更进步，成为很赚钱并且能够永续经营的卓越长青企业。想归想，很多领导人虽然个人很优秀，但是若不改变原本的领导方式，由四级领导风格发展为五级领导风格，那么这种知道但不改变或不知道也不改变，都是把自己及公司带入衰败甚至死亡的"自杀"行为。所以，柯林斯仅说："您很优秀，但您是未来成为卓越的最大敌人。"

美国《财富》杂志所列的500强公司都历史悠久，每家公司都可说是拥有贵族董事会。其中的CEO、高管、新进初级经理等，大都来自世界排名前30甚至前20的名校，他们大部分人的父母甚至祖父母也是名校出身。此辈拥有优秀的遗传基因，没有共事过的人，很难了解他们竟如此优秀、如此"贵族"，比现代中国一般家庭或贵族要优秀很多。

在美国，大多数大公司都是跨国公司，每个公司的优秀经理人都有机会和外国公司接触，甚至被外派管理海外分公司。这时，优秀的个人，因优秀而自信、自恋、刚愎自用时，可能就会像楚汉相争时出身贵族的项羽，以个人的天赋使尽军事才能，却无法赢取最后胜利。美国很多公司派任大中华区的总经理，本质很像项羽，要想在中国本土刘邦型企业竞争中取得胜利，困难重重，这一困境使这些优秀外企的四级领导者困坐于中国分公司的愁城中，苦思对策。

柯林斯根据调研的结果劝诫企业领导人：优秀（领导人）是卓越（领导人）的敌人。一般读者乍看之下会很莫名其妙，优秀与卓越不就是紧临相接如隔壁？例如，考试成绩，98分属"优秀"，99与100分是"卓越"，这两个不就差1—2分而已，怎么会是敌人？顶多只是拥有卓越的成绩者会被优秀者所嫉妒而已。

判断一个企业领导者属于优秀还是卓越，需要一段较长时期（约30年）来观察。事实上，也就是以企业的成败论英雄。优秀领导者可能只有他一世风光，卓越领导人却以找到传承企业生命的继承者为管理的终极目标。具有卓越领导风格的企业，经由特定转型模式努力实现卓越以及 30 年时间的验证，也确实健康地存活着，这就是为什么华为任正非总裁一再强调：企业就是要活着！

卓越领导者不是"名人"，不是到处彰显个人魅力的那种"明星领导"。调研发现，他们都出乎意料地低调，不想出名，不是"名嘴"，他们自奉节俭，事事为公，不计私利。

优秀领导者则有很多像是百米夺冠高手，威震八方。调研发现，优秀领导者往往智商 IQ 很高，但情商 EQ 却低，他们的急功近利使团队不易培养出下一代优秀人才。柯林斯描述他们是"一个天才带一千个助手"型的四级领导者。而卓越公司的领导风格是找对的人进来，淘汰不对的人（末位淘汰）。领导者个人以谦逊为怀并具有专业坚持的品质，做事如"静水潜流"。这种卓越领导者像"水"，让企业由"有为"逐渐走向"无为"，目标是让企业的生命长过企业领导人的生命，也就是柯林斯所说的基业长青。

以上研究内容若能点醒优秀的四级领导者，由他们带头"强制"自己转变为卓越的五级领导者，便能一探柯林斯研究所得中的黑箱转型成功秘籍。

第 1 节　《从优秀到卓越》中宏观"楚汉相争"

本书放入中国史事乃肇因于《从优秀到卓越》的理论在楚汉相争中得到了跨领域的印证。

"楚汉相争"这段历史在《史记》一书中占了23篇，比例很大，作者司马迁对其中项羽、刘邦的描述特别多。由楚汉相争而流传的诸多故事，以及被后世引以为鉴的批注，是《史记》中很精彩的部分。我尝试以《从优秀到卓越》的研究成果来分析楚汉相争这一历史故事，从而体会中国历史文化的超时空魅力，以及所给予我们的启发。

一、楚汉相争典故

项羽家世显赫。他出身楚国将门世家，身高184公分，孔武有力，长于治兵布阵，摧锋挫敌，在古代实属天才武将。

相对来看刘邦，出身市井，是一个流氓般的贫民。根据《史记》记载，刘邦好酒色，甚至没有名字，小时候只被叫刘季，意思是刘家老四。

项羽的祖父项燕为秦将王翦所败而自杀，伯父项梁乃楚国大将军，是伐秦楚军的主帅，项羽是副帅。这时项羽才24岁，而刘邦这一年已47岁。项羽一生最著名的战役是巨鹿之战和彭城之战。他在巨鹿之战大破秦军，以"破釜沉舟"的战术激励楚军，率领4万兵力击败秦军主将章邯的20万主力军及王离的10万边防军。以4万抵30万，项羽表现出卓越的军事领导才能，前人说"灭秦者项羽"便是定于此役。

项羽相信自己的军事才能，取得胜利对他而言如同探囊取物般容易。只有最后一仗"垓下之围"，是他一生70余役中唯一的败仗，可惜的是项羽竟然因此轻率地自刎于乌江边，结束了他的英雄功业。

二、楚汉相争所体现的五级领导者特质

刘邦自己说：领兵打仗他不如上将军韩信，治国理财他不如相国萧何，出谋策划他不如谋士张良，即"三不如"。那么，刘邦在主帅的位置上做了什么？

（一）肯谦虚

刘邦只要发现自己错了，一定马上改。他最常说的话是"为之奈何"，即"那我该怎么办？大家帮我想想办法啊！"

（二）知用人

刘邦大方吸收曾经因为不同目的投靠项羽帐下的人，例如，张良原本就是世家子弟，祖父、父亲曾为韩国宰相。张良前半生为复兴韩国而奔波，他曾经散尽家财，只为求得力士伏击秦始皇，却功败垂成。张良早期不为项羽所用而投奔刘邦，项羽晚期分封十八路诸侯后，却独杀韩王，为的便是报张良协助刘邦之仇。此举更激发了在楚汉相争后期，张良奋力击溃项羽的决心。这一决心尤其表现在《鸿沟协议》后，项羽退兵，张良力主"违约"，趁机尽灭只剩残兵军团的项羽，一个"决定"灭了项羽。

刘邦本来就一无所有，所以弹性比较大，他听进张良的建议，不仅准韩信"假王"之请，并且加封其为"真齐王"，甚至还扩大韩信封地。为了动员彭越支援彭城会战，刘邦封彭越为"梁王"，另外又分封章邯等秦三降将到"关中"原秦地为王。

刘邦既能招降纳叛又识才善任，果然频频为自己加分。

（三）懂赏罚

刘邦在打天下时，像今日的上市公司一样，以从市场上（未

来）多赚得的利润，通过股票选择权奖励有功高级主管。在令人满意的经济诱因下，这些奖励激发了高级主管更大的热情，使其拿出一流本领、十足拼劲为拓展市场打拼。

果然，韩信、彭越等将领在期约封地封王后，干劲十足，尽情发挥他们的军事才能，加快了打击项羽的脚步并获成功。

反观项羽，则是摆脱不了极端自我中心意识的四级领导者。

项羽因为本身能力强而十分自信，班固的《汉书》中最常提及项羽经常大怒，所以在他帐下做事的人老是被骂，能力强的都被骂跑了。项羽当时的怒、骂，极有可能因为他年轻气盛，修养较差，自尊心又强，属下的建议可能被他恶性解读为暗示他技不如属下，知识不如属下，这有伤项羽的自尊心。

不过，项羽对亲旧部下是很有情义的，常常嘘寒问暖，例如每当士兵受伤了，项羽会流着泪，拉着他们的手话家常。这和他进咸阳时杀秦子婴、烧阿房宫及攻城后屠城的凶暴行为截然不同。细究起来，这极可能源于项羽自小随叔父避难，在国破家亡的悲痛中，特别仇恨暴秦，甚至衍化出十分重视宗族亲故的意识，可惜这只能算是"妇人之仁"。

简单来说，项羽的失败表现在他管理性格过于自信，因为自视甚高，对内事必躬亲而自耗甚多，对外残暴不仁又大意轻敌。他深信军事压倒一切，于是他自兼刘邦身边的韩信、张良、萧何三大角色于一身，虽然曾有范增谋划在帐中，最终范增还是因为项羽中了陈平的反间计而在鸿门宴后离开，从此项羽加速了自身的败亡。

（四）先（找对）人后（决定）事

刘邦很清楚自己要找什么样的"对的人"，然后请他们上车。在没找到"对的人"之前，他非常低调，绝不和项羽摊牌。虽然楚怀王下了一个"谁先入咸阳，谁称关中土"的指令，但是刘邦并不躁进。当然，刘邦也有几分运气，有那么多"对的人"投靠他，而且每一个投靠他的人都具有独特的贡献，在面对项羽时，都能胜任并发挥角色上的期待，缔造出超凡的成绩。

韩信早年投身在项羽部队中，只当个卫兵。韩信后来对项羽的评论是"言不听，话不用"，于是韩信投靠了刘邦。楚汉相争时期的军事天才只有项羽与韩信，但是项羽恃才傲物，并没有重用韩信，韩信因而没有成就感，自然就辞职了。

韩信投向刘邦时，只是个小兵，刚到刘邦帐下时，也只当个司马小官，直到萧何月下追回韩信，才有了转机。萧何请刘邦加封韩信，刘邦原拟封韩信将军，萧何认为不够，刘邦于是加封到大将军，并以正式仪式授予韩信兵权令符。这令老将不服，后来刘邦安排韩信做一场打垮项羽大战略的"汉中对策"简报后，将领们才都服气。

随后，韩信由太行山麓北上攻赵，接着连下代国、燕国，打到齐国、韩国。攻下赵、代、燕、齐，增加城池，占有了更多兵源、粮草、武器等军事资源，终于韩信由齐西进攻彭城，重挫项羽，使项羽在首都保卫战中失利，大露败相。

张良原本也在项羽旗下。在项羽击败秦章邯主力大军后，天下英雄志士普遍认为项羽战功盖世，将是未来一统天下的英主。但是张良始终不获项羽重用，因而投向刘邦。

在刘邦势力渐强后，项羽帐下唯一的谋臣范增好不容易安排了鸿门宴杀刘邦的机会，却因为张良曾有恩于项羽的叔父项伯而破局。在项羽要攻打函谷关前夕，项伯夜奔刘邦坝上军营见张良，要他快逃。刘邦知道后，及时以同项伯结儿女亲家的方式，成功地拉拢了关系。果然在次日鸿门宴中，项伯拔剑挡项庄，使刘邦免于被刺，而后在张良建议下，刘邦急遁，逃回灞上。

斯人斯事，都不是事前可以规划的，但是既然出现了契机，刘邦便牢牢把握住机会，转危为安，并且乘胜追击。而项羽却是错失良机。棋错一着，便满盘皆输。

根据《史记》《资治通鉴》中的记载，项羽身边除了范增外，武将文臣中一概非亲即故，并非一流的、对的人。项羽自己扛下一切责任，不用团队。楚汉相争早期虽因项羽长于兵阵而立下战功，但气数却是每战之后愈形衰退。反之，刘邦集结了许多先秦降将以及投靠谋士，终于号召到六十万联军来垓下击败项羽5万军队，让项羽再也上演不了"以少胜多"的奇迹。

（五）面对残酷现实不失信心，采用"AND 阴阳相生"而非"OR 阴阳相背"

"三不如"是刘邦自己的分析，其实，他的无用却有大用。"此三者，皆人杰也，吾能用之，此吾所以取天下也。"这真是一个天才政治家的机敏！每当众文臣武将分析各种残酷事实时，他只说："那怎么办？谁去办啊？"于是，自然有人去办了。

反观项羽这个寡人统帅，常常掉入很多残酷事实的发展之中，使他带兵到晚期疲于奔命。

项羽晚期带兵要夺回荥阳。在战争开始后，刘邦指挥彭越，以游击方式攻击彭城和荥城间项羽的粮道。再由韩信由齐攻彭城，南边由九江王黥布北上，加上刘邦，四路军攻彭城。面对刘邦这个大战略，项羽知道只靠他勇拼的战术并不足以扭转败局，于是项羽请求"鸿沟"议和，画定楚河汉界。

项羽这时候的失败是结构性、战略性的，是厄运回路转动后的败局。他想求和休兵，再图他日后起，岂料张良、陈平建议刘邦毁约追杀，因此项羽实力尽失。

项羽同时也败在不能认清自己，又未能提早拟好对策，以致失去太多杀刘邦而王天下的机会。当被刘邦围在垓下，刘邦以"四面楚歌"迷惑项羽时，作为一个身经百战的军事统帅，项羽竟然不是冷静地分析形势，部署备战，而是幼稚地轻信楚地尽为汉军所有，于是悲观失望地泣别虞姬，喝闷酒，唱悲歌。

此时，项羽的战争态度是我仍要做王，不向刘邦称臣。在承认失败"OR阴阳相背""我要自杀做英雄"时，项羽放着乌江亭长的渡船不渡江，不思图谋他日再起，反而给自己一个理由"愧对江东父老"，于是最终只能成了自刎的悲剧英雄。

假如项羽承认失败"AND阴阳相生"，做了渡乌江这件简单的事，就可以发现"四面楚歌"是假的，那么项羽的精神可能就会重新振作。

但是历史没有假设，没有重来。

（六）运用刺猬原则及三环交叉（BHAG）理论

刘邦与张良要灭秦建立"再统一"的天下，是"刘邦集团"的"BHAG"。而项羽讨厌秦国的制度，他要恢复更早的周朝分封诸侯的制度，张良等人认为那是天下的乱源。

分析刘邦的"三环"，在他用对人以及分封有功将领后，刺猬原则已经建立，具体包括：

1. 团队有具金牌才能的高手

一流军师：张良、陈平。

一流上将军：韩信、彭越、黥布、曹参。

一流相国：萧何、陈平。

刘邦只会"为之奈何"？他的无为却成就了大有为。

这是一流的全机能团队，而项羽非亲即故的班底显然差太远了，只能望尘莫及，瞠乎其后。

2. 存在荣耀或经济等诱因

（1）张良可以报韩国亡国之恨。

（2）萧何在成功后，自然成为相国。陈平继萧何之后，成为汉朝的第二任相国。

（3）韩信被封为齐王，后转封楚王，成就一生最大的心愿，衣锦还乡。

3. 能够激发热情

（1）刘邦帐下已组成一流团队，同时预期项羽情势必如江河日下。因为成功可期，更加速了人才的磁吸效应。

（2）刘邦入关中后，听取张良的告诫，不夺金银财宝并与民"约法三章"。这个举动一来成功获得民心，二来等于宣示了"欲得天下"的远大志向，三则同时向项羽表示归顺："这些都是项老弟您的东西"，成功卸下项羽的戒心。此后，更多人向刘邦降服，战事更顺利，不用猛攻，天下人心自然归向刘邦。这个团队是胜利的团队，值得骄傲的团队，每个人的热情都完全被激发出来。

(七) 拥有强调纪律的文化

投到刘邦帐下的对的人都已是有纪律或训练有素的人，他们带来正面、积极、建设性的思考。同时，团队内互相激励，响应"那我该怎么办"的好办法源源不绝，对抗项羽绰绰有余，以致项羽应接不暇，到处失火、救火，疲于奔命。

拥有一流才华的纪律人，先天具有纪律性思考，产生飞轮动能的行动力量，再下来就是摧枯拉朽的压倒性胜利。

文化由人开始，是团队中领导人的思想、技能及行动意识的反映，这是阴的一面，但却可以进而主导阳面的战功表现。

回忆《从优秀到卓越》第六章中安进（Amgen）公司的乔治·拉斯曼（George Rathmann），他是在雅培公司已受完运营纪律培训的纪律人，具纪律文化，所以很快便能展开纪律运营行动。

同样地，刘邦在短短8年内便建立汉王朝，可以看出具纪律文化团队的快速战果以及胜利的主因。

由于目标明确，刺猬与三环交叉区域愈来愈大。同时，强调纪律，自然会众志成城，选择正确良机。就像沃伦·巴菲特在其《滚雪球》一书中所说：一个有优秀管理团队及文化价值观的公司，它的成长会像雪球由山顶滚下，愈滚愈大、愈快，这自然会形成飞轮作用。

(八) 以管理科技为加速器

当用对科技时，科技可以变成企业发展的动力加速器。在楚汉相争的冷兵器战场，致胜的"科技"无疑便是"军事将才"的兵法。

韩信是楚汉相争时期和项羽并列的两大军事天才之一，一表人才，但曾受"胯下之辱"，年轻时"冒出头"的时机，比青年英雄项羽晚了很多年。他最初仗剑跟随项梁，项梁死后，又跟随项羽。韩信曾多次向项羽献策，但项羽不听，结果导致韩信叛楚归汉。

黥布本是项羽的爱将，多次以少胜多，战功显赫，受封九江王。但在数年的征战中，他逐渐与项羽产生隔阂。在伐齐时，项羽多次向他调兵，黥布都称病不出。后来，刘邦派使者说降，黥布反楚归汉。

再观项羽阵营，楚将曹咎经不起汉军的羞辱，不顾项羽"死守荥阳15天，不得开城门出战"的告诫，在大怒之下引兵出战，结果被汉军击败，楚军因此丢失了粮仓要塞，使项羽大军粮食短缺，战斗力急剧下降。另一楚将龙且，骄傲轻敌，统领的20万大军竟轻易地被韩信击败。大司马周殷，当项羽被汉军追到固陵急需援助的时候，他竟然背叛项羽，反而领兵投向汉军，使项羽终因寡不敌众而全军覆没。顺带一提丁公，他原本是项羽的部将，有一次刘邦败逃时，他本来已带兵追上刘邦，却又徇私放了刘邦。

由此可见，项羽本人虽是军事天才，但在用将方面却是识人不明，造成许多良将一一背楚归汉，成为自己的死敌。而留在身边得到重用的，却尽是不堪大任者，不仅没有给项羽的争霸事业加分，甚至造成了严重的破坏。

楚汉相争后期，项羽身边既无谋臣，又无良将，只凭个人英勇善战，优势自然逐渐耗损殆尽。

（九）飞轮作用（正转＞反转，净正转能量逐渐增加后飞轮才能起飞）

鸿门宴上，刘邦死里逃生，张良于是建议刘邦入汉中后，即先烧毁对外联络的栈道，以示对项羽称臣的"假"诚意。但在逆境中，刘邦团队仍保持长久必胜的信念，休养生息，储备战力，从而借由后来的"明修栈道"而"暗度陈仓"，逆转为胜。这是《从优秀到卓越》中斯托克代尔悖论的典型中国故事（九死一生，反败为胜）。斯托克代尔只是逃离越共集中营之美国海军上将，而刘邦是中国汉代建国的斯托克代尔，格局更大，故事更精彩曲折，是东方文化的一部分，连日本人也热衷于研究楚汉战争这一历史故事。

韩信被萧何追回后，以大将军身份伐赵、降赵，尤其杀赵王一事，为推动建汉飞轮跨出很大的一步。后来，飞轮随韩信的北路军攻下代、燕、齐，形成对项羽北边之大包围的有利情势，这时项羽优势随即逆转。我认为，这是刘邦多年蓄积实力（build up）的突破点（break through），让西楚霸王项羽陷入顾东（彭城）丢西（荥城）、疲于应付的困境。此时，只有项羽孤家寡人应付这个场面，他唯一的谋臣范增，早已因为项羽中了陈平离间计的猜忌愤而辞归，在行途中病逝了。

楚汉相争是零合游戏，刘邦的赢即是项羽的败。刘邦转动正向飞轮，能人各尽其才善加筹谋，不断厚植实力，进而突飞猛进。此时，项羽则面临逆向的厄运回路而束手无策。看项羽刚愎自用、识人不明，疏于战略思考，又不善纳谏，在每战愈下的恶性循环中，最后连个"委员会"都组不成，失败只是时间问题。

柯林斯团队成员曾访问转型成功的执行长，如沃尔格林的沃科（Cork），纽柯的肯·埃莫森（Ken Iverson），富国银行的迪克·科利（Dick Cooley），他们答复柯林斯的成功因素之问时，一致认为：一切都顺其自然地发生了，我们就是这样做的，有好的、对的人才，所以办到了。

的确如此，飞轮作用自然地传播，感染更多人才加入即将成功的团队，让成功顺理成章。

第 2 节　联想管理三要素解读

"建班子，定策略，带部队"这 9 个字不仅可以让联想高管依这个教诲而进步，而且全中国有上进心的高管也一样受用。大家若能理解这短短 9 个字的道理，把它刻在脑子里，今后在高管的职业生涯中，必定受益无穷。

柳传志先生引用的"王道，可不知兵，要知人"这句话与《从优秀到卓越》"先人后事"的见解不谋而合。

在楚汉相争中，刘邦没读过多少书，出身市井的他虽不懂兵事但极善于知人。刘邦有高超的帅才，指挥张良、陈平、郦食其等谋士负责"战略管理"，老友萧何负责"组织管理"等运筹工作，韩信大将军负责攻城略地、征伐诸侯国的扩大"业务管理"硬工程。

刘邦终胜成王的成功道理与联想柳传志先生所传示的"高管九字管理座右铭"的关联，可以印证成功管理学事实上是"古今""中外"相通的。

我们将联想高管管理三要素与《从优秀到卓越》一书的内容相比照，即使我们并未亲身在联想内部一起聆听高管培训课，也能同步抓住这中间的精要。

（一）建班子

公司的创办人及领导人要能自己修炼五级领导的能力，同时推进公司的五级领导文化，进而建立强大的班子。（《从优秀到卓越》第二章"五级领导"）各层领导人所任必须是对的人，要请他们上车，同时更要请不对的人下车。（《从优秀到卓越》第三章"先人后事"）

（二）定策略

面对困局不害怕，广开言路。无论什么丑话，只要是事实，领导人都应听入心中；同时，不因短期失败而气馁，领导者永远抱有成功的信心，以鼓励团队。（《从优秀到卓越》第四章"面对残酷事实永怀成功信心"）

知人后集众人智慧所定的策略最实用。策略要先求活路（刺猬理论）再求发展，突破拐点后起飞。（《从优秀到卓越》第五章"寻求刺猬理论与三环交叉的 BHAG"）

（三）带部队

部队要有军纪，要约法三章，军纪要严明，要信赏必罚，以建立纪律人、纪律心与纪律行为。公司的纪律、作业技术、制式方法要对齐统一，才能利出一孔。（《从优秀到卓越》第六章"纪律文化"）

"军"要善其事,必先利其器,与时俱进学习新管理科技知识。(《从优秀到卓越》第七章"科技加速只是器")

公司必须先"同人"对齐后,才能"大有",这是《易经》中的道理,是推动飞轮的第一步。公司通过策略上的并购得到成长时,要更注意综效与公司文化及价值观的融合。(《从优秀到卓越》第八章"推动飞轮")

"建班子,定策略,带部队"三部曲都做到了,"天天自强不息",公司必能卓越如同天下大治。同时,力行从贤领导,培养接班人,使公司组织生命永续。(《从优秀到卓越》第九章"基业长青")

附件:原联想三要素之说明

(一)建班子五要点

1. 班子成员的素质和能力

2. 班子的组建与分工、奖罚

3. 班子的议事方法与决策程序

4. 班子决策的推进

5. 如何防止宗派的产生

(二)定策略五步骤

1. 确定一个中长期发展目标

2. 确定实现目标的总体路线和阶段

3. 制定当前的目标

4. 确定采取什么方式,进行战术动作分解

5. 在实施中如何进行调整

（三）带部队五要点

1. 优化公司组织结构与岗位设置

2. 建立岗位责任制与工作流程

3. 建立完善的规章制度

4. 建立绩效考评与激励制度

5. 加强员工培训和企业文化建设

第 2 章
建 班 子

> 如果有一个项目，首先要考虑有没有人来做。如果没有人做，就要放弃，这是一个必要条件。
>
> ——柳传志，联想集团总裁

一、刘邦招班子，项羽拆班底

项羽24岁就当上项梁的副将军，起兵抗秦。楚怀王派宋义当上将军，项羽为末将，一起北上救赵。

项羽27岁就登上西楚霸王之位，而刘邦原在项梁军下，手下有萧何、曹参、樊哙、周勃、夏侯婴等能人。在项羽分封十八路诸侯后，这些能人都跟刘邦到汉中去，显然刘邦很有人缘。

韩信在项羽帐下不受重用，项羽看不上他，逼得韩信只好投靠刘邦。项羽分封韩王但令韩王不得返韩地，这个举动逼走张良。之后又有陈平归来，加强了刘邦的"军师"阵容。而项羽底下只有年老的范增与其他项氏族人，一众亲友受到重用。假若张良、韩信、陈平始终留在项羽帐下，那么天下应是项羽的。

优秀领导人的言行往往很难做到谦虚。项羽赶跑张良、韩信、陈平……原因都出在他难以谦虚礼贤下士。虽然项羽出身贵族，进退优雅，但藏不住他吝啬与刚愎不能虚己的本性。

二、南隐禅师倒茶教诲优秀傲客，要谦虚才能受教

南隐禅师在接见一个"类项羽"的客人时，亲自烧茶、倒茶。客人茶杯满了，南隐禅师继续倒茶。客人提醒禅师，茶已满了，禅师不回话，还是继续倒茶，这时"类项羽"的优秀骄傲客人懂了南隐禅师的教诲。一个人的杯子如果满了，是装不进任何新倒的茶水的，所以自己要先倒出一部分来——人要"虚己"（之知识、技术、自我、学问等等）以待，才能装进先知教诲的新知识与新智能。

五级领导者懂得倒出来的动作，就是谦虚。

第1节 项羽四级领导 vs. 刘邦五级领导

中国历史上讲述君王治国理政的书，以《资治通鉴》为经典。从《资治通鉴》和《史记》中楚汉相争的史料，来看中国的五级领导与四级领导。我们如果能够找到例子，即此人追随过五级领导者，也服务过四级领导者，后来在他们中作了选择，同时这个选择是对的，那么这将是针对卓越的"五级领导"极具说服

力的佐证。

一、项羽四级领导

韩信是汉代开国的第一大功臣,也是中国历史上第一名将,记录上他没打过败仗。韩信对刘邦与项羽在楚汉相争中谁可以出线称王,具有关键作用。

项羽在汉三年(公元前 204 年)八月二失荥阳返回彭城后,刘邦正调集诸侯兵,准备东击彭城。此时,韩信在齐,但尚未听从刘邦命令或主动带兵由山东攻彭城。项羽派出使者武涉前往韩信帐下,试图说服韩信中立。武涉分析说:"当今二王之事,全在足下。足下左投则汉王胜,右投则楚王胜。"当时,韩信的谋士蒯通帮腔,劝韩信此时称王,同时一定不能帮刘邦。因为刘邦不像项羽只是想当个西楚霸王的诸侯王,刘邦要的是如秦始皇一般,当皇帝一统天下。蒯通对韩信说:刘邦一旦击败项羽后就没有敌手了,下一个敌人便是您,您可不能犹豫。蒯通同时还向韩信讲了这样一番话,以增加他的信心:

> 相君之面,不过封侯,又危不安;相君之背,贵乃不可言。

此时的韩信,因为有过去面对刘邦和项羽不同领导风格的经验,于是对武涉说了这段很坦白的话:

第 2 章
建班子

> 臣事项王，官不过郎中，位不过执戟，言不听，画不用，故背楚而归汉。汉王授我上将军印，予我数万众，解衣衣我，推食食我，言听计用，故吾得以至于此。夫人深亲信我，我背之不祥，虽死不易，幸为信，谢项王。

韩信在极大的引诱下，仍拒绝中立及自己称王的利益，为了刘邦的"公利"，选择继续听从刘邦指挥。

这时，蒯通认为韩信是愚忠，对韩信说：刘邦打天下绝对需要您的军事天才，所以什么解衣衣我，推食食我，都可能是假戏。刘邦灭了项羽后，态度一定大反转，您要吸取历史上越王勾践对文种大夫赐死的教训，您对刘邦的功劳有文种大夫帮越王勾践打败吴王夫差、复兴越国伟大吗？

文种大夫被勾践赐死，就是"兔死狗烹，鸟尽弓藏，敌国破，谋臣亡"活生生的例子。蒯通见韩信仍不觉悟，不听从他的建议，于是说了很重的话：

> 天与弗取，反受其咎。时至不行，反受其殃。

韩信终究是一个知恩图报的人，说：

> 乘人之车者，载人之恩；衣人之衣者，怀人之忧；食人之食者，死人之事。

韩信承认自己是将才，刘邦是帅才，他很服气，不敢忘记刘邦的知遇之恩。

在刘邦派张良带"真齐王"印信前往齐地封韩信为齐王后，韩信带兵西进彭城，配合彭越梁王军、黥布九江王军以及由荥阳带兵东来的刘邦，以60万大军形成战略包抄项羽。此时，项羽在长年孤军作战的情况下已兵疲粮尽。在垓下会战中，张良以四面楚歌以及韩信以十面埋伏，逼迫项羽上演了一出"霸王别姬"的悲剧后，自刎于乌江。汉五年（公元前202年）2月，刘邦登汉高祖大位，建立汉朝。

检讨项羽的领导风格，除了韩信自己曾在项羽领导下的评点外，陈平后来继萧何为汉丞相，在《史记》中也记载了他的评论：

> 项王不能信人，其所任爱，非诸项，即妻之昆弟，虽有奇士，不能用。

二、刘邦"五级领导"

（一）刘邦愿意听取别人的建议

1. 当别人有好建议时，他立即行动

郦其食曾建议刘邦也跟项羽一样分封诸侯，增强"反项羽"盟军的军力。张良一听立即劝止，把刻好的分封大印全部压下来，不送出去。其中主要的理由是在刘邦未来的建国蓝图上，是要走秦始皇的统一中国路线，而不是走项羽分封十八路诸侯的诸侯邦联制，因为这种邦联制会使未来政局不稳，国家持续长期动荡。

张良一提醒，刘邦马上"醒"过来，不忘他的大志。

再如，萧何追回韩信后，大力推荐刘邦重用韩信，他说韩信"国士无双"，太仆夏侯婴也说韩信"壮其貌，奇其言"。

刘邦在困顿之余接受建议：如果只做汉中王（小志），则韩信没有大用，但若要打天下（大志），则要重用韩信。

刘邦很诚意地择吉、斋戒、筑坛、具礼，拜韩信为大将军。然后，听取韩信的大将军战略述职报告，并与韩信进行一番深谈后，顿觉相见恨晚。

韩信如此剖析天下大势：

（1）韩信问刘邦：您个人的能力、魅力比得上项王吗？我们刘邦集团的实力比得上项王吗？刘邦默然良久："不如也。"韩信贺曰：汉王愿听真话，实事求是。

（2）韩信分析项王：① 真英雄，力大，作战勇猛，身率士卒，但是残暴。项羽一进咸阳，杀子婴、烧宫室、坑降兵，很不仁道。相对来看汉王刘邦进咸阳，与民约法三章，秦民喜汉王，"三秦可传檄而定也"。

② 项王不懂用人，不会打团队战，只懂一个人冲锋陷阵，逞匹夫之勇。虽然对受伤士兵含泪送饭，拉手慰问，平日对人也恭敬仁慈，但这些都是小仁小义。

③ 项王很小气，吝于封官赐爵给有功将士。有名的一个故事是封印刻好了，项羽却舍不得送出。他拿在手上捏，竟捏到印角都磨圆了，可见时间过了很久，项羽心中依然舍不得将封印送人。

韩信打的第一仗是汉赵大战，以1万汉军破20万赵军，杀主帅陈余，擒赵王赵歇。这是历史上著名的韩信"背水一战"，立即回报刘邦伯乐识千里马的大德。

2. 当别人不提意见时，刘邦会一直说"为之奈何？"

刘邦没有项羽出身贵族将门的自信、傲气、优越感。而项羽可能因为年轻气盛，自信天下第一，认为凭借着"自己"的武力来夺取天下，绰绰有余。项羽相信自己可以解决"所有"问题，不需要别人协助。他在福祸相倚中，忽略了刘邦逐步布局的战略。在范增离开后，他已没有"老师级"的谋士，而刘邦却有三个"老师级"的人才可用——张良、萧何、韩信。这正呼应了曾子的名言："用师则王，用友则霸，用徒则亡。"

（二）刘邦会识人、用人

刘邦自沛县亭长起兵后，有沛县县府秘书长萧何一路当掌柜，管理庶务。接着，有来自先前不得不归顺项羽帐下的谋士如张良、陈平先后来投靠，再有韩信转来。这就是刘邦的团队，文、武、财等政府机能齐全，而且每个人都值得坐当时的第一把交椅，都是金牌领导人。

项羽27岁时，刘邦已50岁，刘邦经年在社会底层"打混"，所以熟悉人情世故，最懂人心、人性。相比之下，项羽在这方面历练不足，致使他在政治上低能糊涂，而后引发连环祸事。

项伯是项羽的堂叔，在项羽阵容中担任"左尹"，即左丞相。但他犯下滔天大罪仍不自知，完全没有战争与敌我概念，项羽因此栽在项伯手上也一样毫无知觉。

项羽对刘邦把持函谷关并拒他入关十分愤怒。而刘邦则信以为楚（怀）王所说为真："谁先入关中，必是关中王"。但当时他的实力与项羽相差甚远，所以此时当然不是楚王说了算，而是项羽说了算。项羽那么辛苦打完巨鹿之战，以"破釜沉舟"的决心打败秦将章邯20万以及王离10万长城军，依战功他属一等。但楚王的心是偏向刘邦的，只给刘邦简单的南线作战任务，而把艰巨的北线作战任务交给项羽。

此时，项羽心中的不甘是可以理解的，而刘邦据函谷关不开城门欢迎项羽凯旋，反而关门拒客，项羽当然只有强攻后再找刘邦算这笔账。

项羽不识大局，只想算账。其实当下以大军灭刘邦，对项羽来说是唯一选择，也是合理选择。但是，当项伯知道隔日之（鸿门宴）"歼刘"计划后，竟夜奔敌营，告诉曾救他一命的张良：快逃！

张良立即汇报刘邦这一残酷事实，刘邦还是那句："为之奈何？"

刘邦不愧是在江湖上混了很久的人，和项伯见面后便寒暄、套交情，提结儿女亲家的婚事。同时，拜托项伯告诉项羽：刘邦是老小，怎敢背叛项羽？项羽是众诸侯的老大啊！

再者，刘邦算是精敏之人，他问张良："您和项伯是什么交情？"张良回答后，解了刘邦心中的困惑——张良和项伯往来密切，对我到底是有利还是不利？

项伯赶回项羽军营，立即向项羽报告刘邦没有背叛和不归顺的企图：刘邦先进关中，只是"代理"您先看管着，等您来做关中王，您千万别误会。

项羽居然接受这个说法，全然不知灭秦之后，他和刘邦的利益冲突是矛盾的本质。项羽没有政治判断力，他应该坚持对刘邦的斩首行动，就像他24岁时斩会稽郡守的首级而起义，以及奉楚怀王之命北上时，因主帅宋义扎营46天不战秦救赵，因而杀宋义那么地义正词严，从而完成史上著名的以少击众之巨鹿之战，进而威震诸侯。可叹，此时的项羽竟然决定第二天停止发兵攻打刘邦！

项羽年轻，少了刘邦的老道，他没问项伯："嘿！阿叔，您和刘邦，您和张良，到底是什么关系啊？您三更半夜跑过去，告诉他们我的军事机密，同时还替他们说好话，您到底得到什么好处啊？"

项羽就是少问了这件事，泄露军机并通敌的项伯竟然没受到任何处罚。这真印证了陈平在《史记世家》中所写："不能信人，其所任爱，非诸项，即妻之昆弟，虽有奇士，不能用。"

另外，项伯私下通知张良之夜晤次日就是鸿门宴。范增安排好了项庄舞剑，意在刺沛公，项伯居然在项庄舞剑时，自动保护"亲家"刘邦，把舞剑的"单人舞"变成"双人舞"。后来，刘邦趁尿遁逃回坝上，立即杀了帐下泄密给项羽的曹无伤，这也是项羽做的缺德事——出卖透露消息给他的人。

项羽杀会稽郡守以及取代楚军主帅宋义的勇气，在鸿门宴上却都走了样。这件事肇因于项羽对刘邦斗争路线的不坚定，也因此坏了他以后的大事。

刘邦回坝上逃过不死大难，之后一再"败部复活"，最后拿下"冠军"。

范增在鸿门宴后一气而走，大概气项羽的无知以及项羽对项伯的无作为。在战争的生死大事上，往往失之毫厘便差之千里。范增熟读《易经》，大概也算出项羽要走"厄运"了，便一走了之。

（三）刘邦会赏罚

刘邦对韩信与彭越的讨赏，"情感"上他的心里很不舒服，但"理智"上他评估给予封赏对自己有利，他就给了。这有点像中国台湾上市公司和华尔街流行的高管的股票选择权。高管由公开市场努力赚钱给公司，于是公司会多发点股票、红利、薪资给高管，如此一来，高管、股东、员工都是赢家。

（四）刘邦度量比项羽大

项羽自尊心特强，不容别人批评。曾经有一个说客在项羽进关中后，对项羽提一些意见，但却不受采纳。此人退下后说了句："楚人，沐猴而冠。"意思是项羽是楚人，像猴子戴高帽，他是猴，不是人。

项羽听了大怒，立即"烹之"，煮了说客。

然而，类似的一件事发生在刘邦身上，结果却不同。御史周昌面报刘邦时，刘邦正和戚夫人亲热。刘邦按下周昌脖子，把臭脚放在周昌脖子上，问周昌："我是什么王啊？哈哈！"周昌回答："陛下即（夏）桀（商）纣之王也（那么坏）。"周昌不怕死，直白说了。刘邦哈哈一笑，放周昌走了。或许他也觉得当了汉王，这样做不成体统。

项羽是能力超强的军事天才，他自以为可以用军事来领导政治。他以"一人天才，带领千人助手"的方式，亲自打每个战役,但还是拿不下整个战争的胜利。他只顾先打仗、自己打仗,到彭城被围时,还不会"找人",其实时机已晚了。

相对地,刘邦一路先找人,先有萧何奠下班子,再收了张良、韩信、陈平,后来收服梁王彭越、九江王黥布,组成大军团后,再发动对项羽的决战。从公元前206年到公元前202年,才四年便结束楚汉战争。若算上更早即公元前209年的陈胜吴广起兵,前后也不过短短8年。

刘邦的得人和得势,虽有几分运气,但其个人之领导风格才是真正的关键。

柯林斯在《从优秀到卓越》一书中列表比较了五级领导与四级领导之大不同。

表2-1 五级领导与四级领导

五级领导+管理团队,优秀转卓越成功者	一个天才带千名助手型,优秀转卓越不成功者
(自身)五级领导者	(自身)四级领导者
先人(first who):找对的人上车,建立一个优秀执行团队(建班子)	先事(first what):先提一个开车到达的目的地,再画一张开车地图(抓每个"战役")
然后再做事。一旦班子就位,就可决定到达卓越的最佳路径("大战争"策略,宏观布局)	然后再找人,罗列一车子能干的"助手",以促使远景能达成。(若一流的"助手"走人,则只有自己再出马)

我们说刘邦的领导偏向五级领导。但由于他平民出身,文化水平不高,没有达到《从优秀到卓越》中一般公司董事长、执行长CEO的文化水平。但在作为决策者的决策性格上,先人后事方面做得非常到位,最后他成功了。

第 2 章
建班子

刘邦一直到汉三年（公元前 204 年）一失一夺荥阳，才算建立了完整的班子。有来自项羽帐下的张良、韩信、陈平，加上原来的萧何、郦其食、夏侯婴等人。其他还有《史记》《资治通鉴》中有所记载这里未提及的二级文武官员。

对比此时的项羽，他仍然只当做是打每一场战役。不管是他主动攻击的城池，或者是被迫防守的战役，又或者是他失去而矢志夺回的光复战役。这些战役使这位西楚霸王在领地国都彭城和荥阳之间不断来回争战。荥阳战争持续两年，让项羽兵马粮草一天天耗尽。

韩信任大将军后，北上攻赵，这是韩信向刘邦说明的"亮点"。韩信北上攻下陈余赵军，活捉赵王，再攻代、燕到齐，整个北中国的城池尽入汉军之手。无论未来是从西北赵地、北中燕地还是北东齐地南下攻项羽，都会让项羽疲于奔命，累死他的兵马。刘邦团队做的事，是班子布局完成后，执行南北包抄项羽的"大战争"策略，这个策略，没有团队合作是做不到的。

刘邦总是会遇到贵人协助。例如，辕生就建议刘邦在二夺荥阳后，不要正面和项羽"直线"作战，而是由咸阳走南线，到了周陵再北上攻彭城，引项羽兵南下。此时项羽为防北边韩信突围，必须分兵防守，分散兵力，拉长战线，粮草补给线拉长后，粮道被袭的风险倍增。

这时，刘邦又出手给梁王彭越两万兵马游击，中间切断荥阳和彭城之间的通道。项羽粮道一旦被伤，士兵吃不饱，体力必差，士气必差。于是，刘邦又动员九江王黥布由九江北攻。

这个局让项羽插翅难逃。一个军事天才，自杀前每一场"战役"都赢得漂亮，但先前没有建立好班子，同时所有被自己贬低成只是小助手的张良、陈平、韩信，每一个到了汉营却都有"大用"。

一场楚汉相争，关键就在第一步棋：领导人的风格，是先人后事，还是只顾事，不顾人。

另外一点在《从优秀到卓越》中并没有提到的，就是刘邦和项羽两个人的"志向"，两个人的"希望"。

我尝试把两部分加以联结，因 BHAG（具共同愿景的艰难、伟大、大胆的计划），让三环有生命力，有实质利益驱动。

表 2-2　五级领导与四级领导的 BHAG 和三环

领导者及性质	刘邦，五级领导者，五级领导＋管理团队，优秀转卓越成功者	项羽，四级领导者，一个天才带千名助手型，优秀转卓越不成功者
BHAG	统一中国，延续秦始皇的帝国郡县政治。虽分封功臣但不授政治权、兵权，采中央集权制，国家统一安定	项羽不喜秦制，因此延续春秋战国诸侯多国制。分封十八路诸侯，但有错封、失封，如才封完侯，田荣便在齐反项羽，战事又起
passion 团队激情	刘邦的"无为"，让张良、韩信、萧何各人专业有发展空间，充满激情	没有团队，助手没有自我成就空间，所以纷纷辞职他去
economic engine 经济引擎（封侯、封地、封官爵、封禄、赐财）	刘邦不会带兵理政及运筹，但他会"开支票"："未来"得市场，大家共同分，不会亏待大家。班子每个人都能看到未来，打赢的机会愈来愈大，能赢钱进口袋的美梦愈成真，做起事来就愈带劲	项羽自己是天才，以他的能力面对每个"战役"都绰绰有余。助手则因无军功，所以也不会有大赏可拿，奖金都让"老板"自己赚走了

（续表）

机能金牌高手	刘邦阵容的金牌高手有刘邦、萧何、张良、陈平、韩信，与项羽团队金牌高手数量比例为5∶1，占据绝对的优势	项羽有范增在帐下时，还算有2个金牌高手。彭城战后，武涉劝降韩信，若韩信同意，战局便成3∶3，但韩信最终决定忠顺于刘邦。而范增在鸿门宴后恨项羽不成器，一气出走。由此，项羽团队金牌高手只剩项羽一人，与刘邦团队比例为1∶5。这种情况下，项羽的决策如何能赢呢？

韩信在刘邦得天下后曾要求刘邦解释：他的功劳比萧何小吗？怎么萧何分得多？刘邦答道：韩信啊！你是一只"猎狗"，而萧何是带猎狗去猎兔（打下赵、代、燕、楚）的"猎人"，你说谁要分得多，谁的功劳大？

其实放大来说，刘邦是"猎人"，张良、萧何、韩信都是"猎狗"。因为汉要抓的兔比楚想抓的兔大很多，大家因此可以分得多，所以"猎狗"就各自拼命了。"猎物"的大小就是"BHAG"。

再说说张良。他可以说是刘邦的老师，刘邦叫他"子房"，表示对他出身韩国贵族又饱读诗书、兵书的敬意。《史记·本纪》中记载：张良对刘邦说："君王能与（诸侯）共天下，可立致（诸侯）也。"洞察人情是张良的本事，他知道刘邦的最终目的是"家天下"，过程中的"共天下"是手段、是工具。所以，张良在刘邦称帝后，隐居"留"地当个"留侯"，避免功高震主，小人诬陷，如萧何下狱、韩信冤死的下场。他算是能成功地在高手对决下明哲保身的人。

> 变革管理的大桥

第2节 四级领导者的特征及对组织的危害

您可曾想象在这样一个领导手下工作会是什么样的情况？他是从瑞士总部沃韦（Vevey）外派出来的专业经理人，服务于全球最大的食品公司雀巢，并曾取得欧洲顶尖管理学院（IMD）企业管理硕士学位。这位瑞士人的背景是稽核（Auditor），早前在中国香港时就"威"名远播。如果他以前的香港同事亲口跟你说："谁能在他手下待超过两年，就已经很厉害！"你会怎么想？他于20世纪80年代中期到中国台湾负责领导营销部门，准备从台湾最具规模的消费品进口代理商德记洋行接手有关销售、物流与信用管理的业务。这对当时雀巢在台湾的发展是势在必行，而且是只能成功的重大阶段性任务。

我就是在那时第二次进入雀巢，负责销售行政（sales administration）领域的一些事务，扮演销售部门内部（包括北、中、南区，军公教通路，大客户渠道）及与公司各主要部门（包括营销、物流、会计、信用控制、信息等部门）相衔接与协调的角色。同时，我也是雀巢全台销售经理的最主要幕僚。在业务专业管理方面，商讨销售任务的分配，联络促销方案的过滤与消费者促销活动的衔接，业务运营作业流程，还有销售统计资料的提供及分析。业务行政方面则包括对零售渠道的销售月讯之发行，提供业务员教育训练，计算与核定业务员的销售奖金，以及处理客户订单。

我在第一次加入雀巢时担任雀巢咖啡产品营销主管，后来因为私人原因离开。事隔三年,再度被"召唤"回雀巢,因为兼具产品营销企划的基础能力与管理销售团队(曾负责统一企业乳品部18个冷链销售公司的业务)的经验,所以就被赋予这个当时外商在中国台湾消费品行业首创的职务,算是公司运营层面,协助将营销业务的运作完善化的主要"枢纽"。

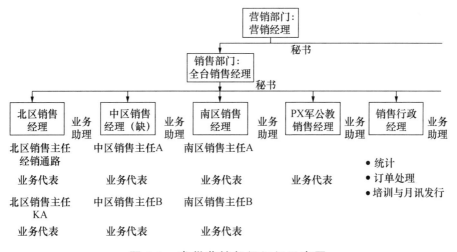

图 2-1 雀巢营销部门组织示意图

这个瑞士人直接对全台销售经理报告,带领七个助理(包括三个直属,另有北、中、南区及军公教的业务助理各一名)。而全台销售经理基本上是习惯走动管理的人,做事情习惯依靠观察甚至是感觉,处理事情较属于"抓大放小"型,经验老道。可是他们的老板——营销经理,是以数字管理为主的人,对数字、对财务情况非常敏感。每当营销经理老板要"临检",尤其跟流程、销售统计、订单的审核与临时订单分配有关的事,就需要有人扮演挡箭牌的角色,否则一旦出差错,全台销售经理就会当场遭殃,如果长此以往,对销售部门的士气打击可是不小。

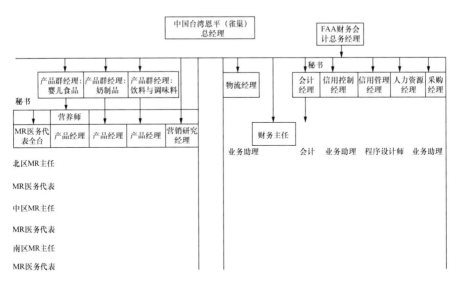

图 2-2 雀巢部门组织示意图

接下来，或许大家可以从侧面来了解这位全台销售经理的管理作风与特征：

（1）姿态很高，感觉比总经理还高，插手的事也比总经理还多。据说，他个人接受中国台湾总经理邀请，从马来西亚调过来时，说好职位是与营销经理平行。但是经过一番运作与较量，就变成营销经理要向他报告了。

在我重回雀巢后的一年半内，因为让这位主管觉得不能配合或能力不符期待的，就有超过12人次的经理阶层人员走路，甚至在同一职位的人都换了两轮。另外，我第一次在雀巢服务时负责饮品群的瑞士主管，在我重返雀巢前，就因与这位营销部门主管不合而走人（被派驻海外而中途离职，这在雀巢据说是不太寻常的事）。10多年后，这位营销部门主管成了雀巢中国区的老大，而当年的总经理居然成了雀巢中国某事业部（BU）的主管，需要向他报告。

（2）高压管理，一切只能按照他的方式进行，如果跟他有多一点的"讨论"而没被理睬，你只能闭嘴，要不然就得"闪人"，即使他所坚持的事情不见得是对的，或是你的观点较有理。

如果没能如期完成他所交代的事，不管他的要求是否合理，他都会说出类似"期限内再完不成，就把你给炒了"的话。包括对与他配合相关业务的其他部门职位低他一阶或二阶的经理人，他都是这个态度。而手下交给他的报告，如果一开始他就不满意，通常不到几分钟，就会从他的办公室内传出"砰"的一声，报告被当场丢到垃圾桶了。即便是老外的产品经理或是产品群经理，也都受过这样的"待遇"。

那时，雀巢的广告代理商是麦肯广告，算是全球的合作代理商。麦肯在他转调到中国台湾不久，为了能够让这位难缠的客户服贴，还刻意从中国香港调来以前与他常交手，对他脾气习性摸得较清楚的客户主管来当麦肯中国台湾的副总，以便坐镇指挥。

（3）所有与他一起工作的人都得绕着他这个"太阳"转。一天的行程基本上是以他为主，即使你事先跟他约好几点开会，通常延后1—2小时都算正常。所以，经过他的办公室时，常会看到外面总有其他人等着，要不然就是有人呆坐在自己的办公室"候传"。事隔10年，我已转到广告界，在北京接中国雀巢的广告业务时，还曾目睹其营销传播总监（marcom director）周六还要经常到公司"候传"，有时即使从早上10点等到下午4点，还不见得能等到与他开会。

（4）不信任任何为他工作的人。或许是性格，或许是过去工作职务使然，他不信任手下，最常见的就是"突击检查"。每个被他"管辖"的人，从早到晚精神都要绷得很紧，因为不知他什么时候会出现，会给你出什么难题。还好当时没有手机，要不然大家都不知日子该如何过下去了。

（5）先事后人，无法凝聚属下的认同感。当初，他在人事布局方面，因为考虑到要从德记洋行接手，各区及营销渠道都需要当地有经验的经理人来领导，所以在业务主管方面算是"高手"云集，有来自 S-26 惠氏、必治妥、怡和洋行、德记洋行、同兴洋行等业界的翘楚。那时的招募动作颇大，在业界曾经引起不小的"挖角"风波，还曾上报。

这些人当时在 FMCG（快速消费品）业界都是叫得上名号的人，正式接手后前几年的业绩表现很好，使台湾雀巢在总部眼里算是绩优生。当然，背后还有高额的营销推广费用（包括广告、促销费用）、最先进的资讯系统、物流系统的支持与配合。但是在 3—5 年内，这些专业经理人也都相继离开，这可能与当时台湾雀巢领导人缺乏以沟通为核心的经营理念与价值、无法让大家有认同感与归属感有关。

其实，从德记洋行顺利接手后，局势已经打开了，业界的评价也颇为正面。当初被挖角的经理人专业水平与眼界也都得到提升，在职场的价值也提高了。但在具有这样领导特质的老板旗下需要经常"蹲着"，其实很难持久。当外界有更好的机会时，多数人已不想再过这样没什么尊严与个人成就感的日子。因此，雀巢台湾从德记洋行接手后"辉煌"不超过 10 年，就开始面临停滞甚至走下坡，最后甚至走向关掉台湾生产工厂的命运。当然，关厂这件事与营销部门的作为是否有直接关联,因我已经离职,就不得而知了。

(6)经常当场发飙谩骂,却很少当面赞扬。这位长官即使偶尔表扬人,也是拿来做听话的"示范"。对一个非常爱面子,却常在众人面前给人难堪,从来不给人留一些情面的领导,谁会真正为他卖命?虽然这些专业经理人刚加入时在待遇方面都算不错,如果达到任务要求,加薪幅度也颇大,但是时间稍久之后,很多人就会开始觉得"尊严"与基本的"尊重"被忽略了,甚至是被践踏,此后的向心力可想而知。

话说至此,读者或许会怀疑:既然这位营销主管的个性与行事风格这么强势,让人这么难以共事,难道他就没有优点与功绩吗?要不然他后来怎么会当得上中国区总裁?

那么,我们就来看看这位专业经理人的另一面:优点与事迹。

(1)聪明过人,对数字非常敏感;思维逻辑清晰,辩才无敌,精于挑毛病。

(2)重视作业流程与绩效。在准备接手德记洋行的过程中,他深入参与计算机系统应用端的开发,重视相关作业程序的效率与合理性,如销售系统与物流系统的衔接性;经常检视销售报表能否充分提供销售分析所需的数据,并且关注客户订单的处理效率。

(3)目标导向,决策虽然专断但也果敢。在德记当雀巢产品总代理后期,高雄地区的三家主要经销商相继倒闭。雀巢毅然决定成立分公司,成立直接销售与物流团队,尝试摆脱对经销商的过度依赖，同时掌握零售点的脉动。在成立分公司之初，还直接派遣专人支持销售行政与仓储相关作业，确保流程顺畅。

（4）大手笔的促销推广费用，包括广告、消费者促销、渠道促销及对零售渠道的通信及陈列物安排。同时，针对主要品牌多管齐下，而且促销一波接一波。那时经常采取随罐赠送（on-pack）措施，"下重药"一点都不手软。例如，当初雀巢速溶奶粉经常随罐送乐高（Lego）玩具或者是红利罐，一心想将长期高居台湾市场占有率第一的克宁（KLIM）奶粉给"扯"下来（后来，雀巢在1998年干脆直接收购了克宁奶粉）。

（5）创意之作。雀巢在高雄成立分公司时，直接面对上千家零售店。每天送货人员都会到零售店收款，当天必须将现金带回，这在作业流程上对分公司是很大的负担，甚至有被偷窃的风险。后来，有业务主管提到或许可以借用邮局的资源协助处理。于是，这位营销主管就责成销售行政规划了一套简单的标准作业程序（SOP），让送货人员每天回办公室前，到邮局直接汇款回台北总公司，这大大提升了收款效率，也将损失风险降到最低。

或许你也曾遇到过这类极端聪明却自命不凡，很自我，很爱面子，手段高压，目标要求又高的四级领导者。这样的人在组织里短期内或许可以顺利达成企业所交付的使命，甚至完成不可能的任务。但是他的权位越高，待的时间越久，对共事者的士气甚至精神健康的杀伤力就越大。天天低气压，时时神经紧绷，这对工作场所整体氛围与团队长期表现绝对有负面影响。试问，若换成你，可有什么妙方让自己解套？反过来说，如果你已位居高位，是否能试着客观与虚心地检讨自己是哪一级领导人？有没有自我改变或提升的意识与决心？

最后，通过这个案例，可以总结出值得反思并与读者讨论的议题：

（1）四级英明领导下的隐忧。企业在需要强力对齐时，四级领导者的决策与作风在短期内往往可以收到立竿见影的效果，而且在这一过程中有不少拥护者，因为短期成效不容否定甚至质疑。但是在短期目标漂亮达成的前提下，颇多更深层次的系统性、制度性的问题往往会被忽略与掩饰。而四级领导者的权威在此时是不容置疑的，更不要说挑战。这时就可能开始埋下企业由盛转衰的因子。短期任务完成，队伍大致对齐后究竟要往哪里去，是维持现状，还是转型，还是要升级？在这类攸关企业前途的重大议题上，你觉得仅凭强势四级领导者的一颗脑袋，或是靠众星托月就可以解决吗？

（2）四级领导者在企业发展开始出现颓势时该如何应对？如果这时四级领导者不知虚心检讨，只怪下属执行不力而一意孤行，那些较早觉醒、头脑也相对清晰的高阶经理人趁自己还有市场行情时可能会赶紧跳下这列即将失速的火车。其实，当四级领导者开始意识到自己的头脑越来越不灵光时，如果没有自我改变的决心，没有外力相助，很难要他改变决策模式与领导风格。同时，企业长期在这样的运作模势下也很难找到拥有不同思维模式、不同管理高度的主管来共议"国是"。或许这时重新找对的人上车而让不适合未来发展的人下车就成为关键。这大概也就到了要施行变革管理的时候了，变革或许就需从领导人开始。

（本节由连风彦撰写）

第3节 四级领导者多数长期外强中干，由盛转衰

四级领导者是天才，有如上天恩赐，但往往辉煌一时，过世后便人亡政息。

《从优秀到卓越》第三章谈五级领导者时，认为对照的四级领导者往往是拥有优秀成绩的人。他们都很聪明，也可能太过聪明，所以他们喜欢采用很大的管理幅度。一般来说，直接管理七八个部属已很多，这是为了达到较高的组织效率。如《从优秀到卓越》一书中所说，有些公司是某一层领导没有带15个人的能力，那就全都下来当被领导的组员了。柯林斯用一个比较夸张的数字描述这种领导情境：一个天才领导带1000个助手。那1000个助手当然不是直接向他报告，接受他的直接指挥。但是不管中间有几个管理层级，这些主管只是"承上启下"做个"传令官"罢了，他们没有实权，也没有胆量自行作决定。因为最高领导随时会"翻案"，所以组织与个人最安全的办法是"听命行事"。

一个天才的皇帝型领导者当然可以带1000人，甚至5000人、10000人，但是之后的继位者也都是天才型领导者吗？

优秀的四级领导者有他个人优越的条件，《从优秀到卓越》一书中所讲述的人，有很多是博士出身。其中一个是麻省理工学院（MIT）博士，白手起家，借由并购拥有100家公司，并设立130个利润中心，曾在《财富》杂志500强中排到第293名。他每天6：30上班，20：00下班，很少休假。他说：我都是为公司好，为公司利益着想。

第 2 章
建班子

1978年的《财富》杂志如此评论:"大家公认他的脾气差,为人不谦和,但人们不会不推崇他的成绩。"

这些四级领导者有许多共同的外在表现特征:个人魅力十足,精力十足,才华横溢有如上帝特赐天赋;勤奋工作,以自我为中心,不近人情,言词刻薄又要求严苛。别人说他是"暴君"时,他会回应:"我是'暴君',那又如何呢?"

拥有四级领导者的公司是由贲而艮而剥,一步步地剥。

我从研读《易经》中发现,四级领导者最后的剥卦,并不是刚开始就剥,不然也不会曾经辉煌过。刚开始,依他的组织管理习性,可能是一个贲卦。领导人处上九(董事长和 CEO)位置,所对应的九三(经理级)很强,也带动初九(基层业务代理)跟着强。但贲卦的特征是"外强中干",董事长以一当千,耗力太多。同时,大树荫下,也让草木难以生长。

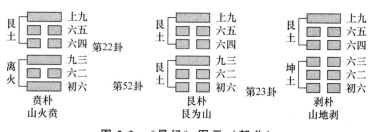

图 2-3 《易经》图示(部分)

因为四级领导者小气、凶悍且不近人情,经理们"练完功夫"后往往会被挖走而不留恋。这层主管的带教强度弱化后,基层的业务代理能力便会急剧衰弱。这一层的实力由阳转阴,公司就会转成艮卦。再经过一段时间的恶化,董事长不察"中干"的困难便会造成经理这一三明治阶层不堪重负。终于,这一层原来最支持董事长的一群人也陆续逃离溃败，这个公司便放由一个孤独的董事长支撑。这时，事业体又相当大，董事长的精力和体力也不比年轻时，公司绩效的滑落就像山上剥落的泥石流，灾情很惨重。

四级领导者的自信、自我与刚愎自用，让公司赢了"短跑"，却输掉企业的"长跑"。

第4节 中国民企五级领导者代表——魏桥创业张士平

2016年1月14日，《财富中国》记者高德思写了一篇《在山东创业的五级领导人》的文章，这是我看过仅有的一篇报道中国民企五级领导者的专文。

柯林斯在调研中，意外发现五级领导者本性低调、内向，甚至害羞。其所调研之卓越公司在第一次见报时，就像小鸡经两周孵化、破壳、育成的过程。小企业经过5—10年的爬行，找到刺猬原则后，再大步走个4—5年，蓄积充足实力的同时跑向转折点，接着起飞并不断突破，方能实现卓越。魏桥创业集团董事长张士平先生受访时所讲述的内容也恰恰体现了这一过程，他接受《财富中国》这个采访，已是创业15年之后的事了。

我综合高德思专文与《从优秀到卓越》原文，提出下列几个重点，以供中国民企中有较高积极性的主管以及正在努力的朋友，作为企业转型时的借鉴。

一、具有创业家精神

张士平先生在企业名称上直接嵌入"创业"二字,他的意图是将创业精神真正刻入企业灵魂中。这非常特别,张先生应是特别体验到了创新精神之重要性以及其增进公司管理的巨大价值。

在十多年来不断阅读《从优秀到卓越》一书的经验中,令我触动最深的是第六章描述的乔治·拉斯曼离开美国雅培后,自创美国基因(Amgene)公司的实例。1983—2000年的不到20年间,拉斯曼从创业时投资7000美元到2000年时价值已达100万美元,是150倍之投资成长。《从优秀到卓越》用一小段文章描述拉斯曼引进雅培的责任会计制度并加以纪律化(责任),但他同时也想要长期维持创业家精神(自由)。卓越组织所为,乃是在组织中维持自由与责任相生相背之平衡。

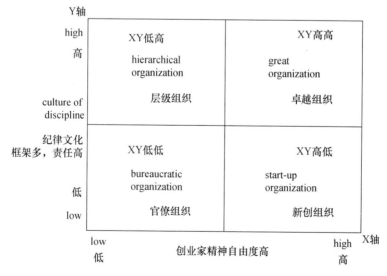

图 2-4 从优秀到卓越纪律矩阵

（1）高自由与高责任属于卓越公司之象限。即经长期训练成为纪律人，具纪律思想，做纪律行为，同时保留住早期之创业家精神。（高，高）

（2）高创业家自由、低纪律化责任属于一般新创公司之象限。新创公司还来不及纪律化，一切作为看创办人如何带领。（高，低）

（3）公司成长后开始找专家进团队以建立制度。当纪律化开始推进时，创业家精神之自由则会退化。若组织太官僚而创业精神又不存在了，很多人就会选择离开。这时，公司开始有较多官僚层级，限制了创新发展。（低，高）

（4）老化组织缺少创业家精神之自由，又累积各种不合宜纪律的束缚，自由与责任两低。大家常批评公务员官僚，原因即在此。（低，低）

张士平先生早期任职于国企时，学到了无情的成本管理方法，后来他把这一方法引进他所创的魏桥创业公司。《财富中国》报道的另一个重点是，魏桥创业公司工人工资制度和《从优秀到卓越》中所一直推崇的纽柯钢铁公司完全一样——依产量计酬。

纽柯钢铁公司设在农业区，工人都由农民转职而来。农民诚实、正直勤奋，每天都会提早30分钟上班备料、热机、复习工单，然后准时开工，抢产出量。多生产多拿钱，公司与工人共享其利。一个工人每单位产量拿5元，产量加倍则多领60%工资，共计8元（5＋3＝8），而公司原产量倍增时之成本应是10元（5＋5＝10），此时则是公司省2元，工人多拿3元，属双赢。

纽柯钢铁公司的工人都是朴实的农民，日出而作，日落而息，产量高，不搞工会罢工等。曾有工会组织来访，竟被工人轰出去。纽柯钢铁公司甚至为员工子女提供奖学金直到其大学毕业。曾有一名有九个子女的员工生怕领不到奖学金，但是纽柯钢铁公司全给了，这名员工感激涕零。这一举措有效地激发了团队效忠公司之决心。

比起纽柯钢铁公司的文化，张士平先生领导的魏桥创业更精彩。公司盖五万套住房给已婚员工，价钱是市价的1/3。同时，提供融资、免费供暖与电费补助。小区内有医院、幼儿园与超市，小区对面即是公司的纺织厂房，上班只需步行五分钟的路程。这是我见过最好的福利制度。外国虽设有股票选择权，到期卖出后也可自行买房，但张士平先生给的福利最直接。

面对魏桥创业超级优越的福利制度与依产量计酬的高工资制度，员工回馈公司的，当然是工作热情。

对标《从优秀到卓越》中推崇的纽柯钢铁公司的人事政策，魏桥创业公司也有相同的故事。纽柯钢铁公司认为员工诚实正直的品质无法培训，但员工的工厂技术则是可以培训的。魏桥创业把工厂设在产棉农业区，工人以前就是这里的农民，素质好，为公司减少了很多管理上的困难。另外，由于工厂设于山东省邹平县魏桥镇，是产棉重地，管理层人员较难从外地招募，于是他们就从本地招募，训练培养人才。这也是柯林斯在调研中所发现的特点：卓越公司的高管大多由自己长期培育，不从外部空降。

二、领导人朴素、低调，生活简单，自我纪律要求高

一部"奔驰"车子用10年，自己和三个子女住老房子。张士平已70多岁了，仍坚持每天早上四点起床，跑完万米之后，周一、三、五早上六点半与20位高管开例行决策会议，七点十分会议结束，大家回各自办公室开始上工。午餐后，他会打乒乓球与游泳。另外，每周三晚上与员工举办篮球联谊赛。高德思问张士平："员工打政治球让分吗？"张士平说："No。"记者不太信，他认为中国文化传统下，大家会恭顺于老板，敢说"No"很不容易；一般来说，中国人向老板汇报，也多报喜不报忧。这位记者也真懂中国公司内部关系之窍门。

一个70多岁董事长的体能训练，与柯林斯书中所描述的他的太太参加女子马拉松活动夺冠并且严苛自律训练的过程，完全相同。

高德思说他认识很多大企业老板，很多人对他们的既有印象是，这些人的第一桶金是被怀疑的。他们胆大、外向、生活奢靡、飞扬跋扈，很爱炫富，所以，中国的反腐制度一定程度上遏制了富豪的肆意妄为。但是，张士平先生与他的家人并没有陷入贪婪与物欲的泥沼中。

三、超级洞察力与远见，胆量大

张士平设纺织厂之初，常受停电与其他12家国企垄断进出口之苦。后来，邓小平时代，进出口垄断解除，停电问题的困扰使他们决定自设电厂，但剩余发电量无法被收购。

张士平的大儿子张波开始设铝厂做建材生意。适逢中国房产景气，这是火红产业。为解决民企资金融通问题，2003年，魏桥母公司于港交所上市；2011年，原为铝品事业部的中国宏桥在港交所上市。

2014年，魏桥集团员工共12.3万人，营收458亿美元，在《财富》世界500强中排行第234位。张士平先生有些神秘，为人极为低调，非常不愿意接触媒体，这和《从优秀到卓越》中所论述的卓越企业首席执行官（CEO）之生活态度相同。

四、共产党员的经理人身份支持他的五级领导吗？

《财富中国》记者也问了一个比较敏感的问题："经理人是共产党员吗？"张董事长答道："经理人100%是共产党员，因为党员优秀又聪明，他们是通过严格筛选才能入党的。经理人在公司接受持续培训，以便拥有共同的价值观与专业能力。"

五、拥有金牌技术与能力

2015年，中国宏桥炼铝量达450万吨，产量居全球第一，不仅解决了自家生产所需电力的81%与氧化铝的46%，而且带来了成本与利润优势。纺织品设在棉花产区，具工人工资与低不动产资产成本之优势，皆有力地创造了魏桥之核心竞争力。

六、魏桥具备通往卓越三环之条件

魏桥的优越福利举世无双，使员工充满工作热情；工资收入依产量而定，鼓励了勤奋正直的员工努力工作，争取高收入；加上生产技术与产能规模经济具无敌之竞争技术优势，这些是迈向卓越企业的三环条件，魏桥已稳固具备。

□ 变革管理的大桥

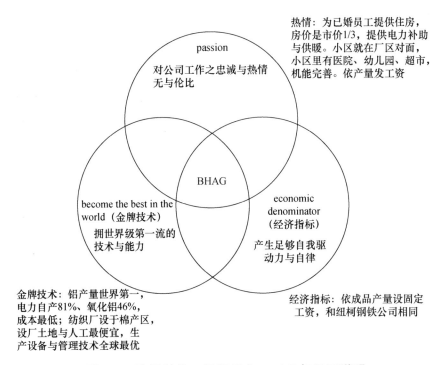

图 2-5 魏桥创业五级领导之 BHAG 与三环说明

七、接班人

魏桥的接班人就是张士平先生的儿子张波（传贤也传子），他领军开创铝品事业，化停限电危机问题为新事业契机。这是胆识与市场先机之洞见，能力与运气、政策之汇聚。

八、深知简单之道

"深知简单之道的天才"，这是高德思记者对张士平先生的总体评价。

简单是中国《易经》的智慧。易则易知，易知则有亲，有亲则可久，可久则贤人之德。（五级领导者领导之恩德惠及世世代代。）

简则易从，易从则有功，有功则可大，可大则贤人之业。（五级领导者功业自然成长。）

《从优秀到卓越》是最直接的商业《易经》，超越东西方时空。如果没有时间读那么多经典的管理名著，那么民企老板只要在 10 年内不断深读《从优秀到卓越》和《变革管理的大桥》（用中国故事讲解《从优秀到卓越》，使读者更易理解与接受），基本上是够用的。

第 5 节　五级领导者满足员工"马斯洛需求"之洞见

一、星巴克的精益求精

星巴克近几年一直有很好的客户满意度，是全球知名企业，客户光临时，除了享用咖啡外，同时还能感受到星巴克特有的员工服务热情。媒体上常常能读到星巴克员工分享其身处卓越企业的喜悦短文，星巴克的确提供了令年轻人羡慕的工作环境。

2017 年 4 月 13 日，有媒体报道，星巴克执行董事长舒兹于 11 日在北京星巴克的家庭日活动上宣布，自 2017 年 6 月开始，凡星巴克全职员工服务满二年，其年满 75 岁居住在中国的父母，将可以获得涵盖 30 种常见疾病的医疗保险。

这个方案的制定主要源于对星巴克公司内部员工的调查：员工申请公司内部财务援助时，70％都与其年老父母的身体状况有关。

星巴克员工表示：这个计划有助于招聘与留住人才，同时为星巴克在社区与年轻社群中做了一个好的广告。舒兹表示："企业与企业领导人需要对雇员负更多责任。"

二、五级领导下企业对员工"马斯洛需求"的洞见

马斯洛需求中最基本的是生理需求，而现代员工普遍最想要满足的是住房需求。高德思在2016年1月14日报道了魏桥创业董事长张士平先生的五级领导理论的主要内容，其中魏桥创业已婚员工可以用市价的1/3购买公司自建的住宅，公司也将协助购屋者取得低息贷款，同时提供电费补助，冬天免费供暖。魏桥创业提供这些福利，是一个很庞大的工程，主要由于张士平董事长对员工马斯洛住房基本需求满足的洞见。这个自建员工住宅方案安顿了魏桥员工的心，提高了他们对公司的忠诚度与高昂的工作热情。再加上魏桥没有基本工资，完全依员工之产量计酬。所以，魏桥棉品成本最低，产量却是世界第一。

20世纪80年代，我在统一企业任职时也有相似的故事。1967年，统一企业成立于台湾地区永康乡。当时工务部赖副理筹组一个属于员工的永康新村，先是相中了离公司骑脚踏车五分钟路程的蔗田。得总务部协助，取得了台南县政府与永康乡公所的土地区位变更协议，由此，蔗田由农地变成住宅用地，财务部则协助取得银行集体贷款。赖先生本身是统一企业土木营造单位主管，精于设计、施工、监工、验收。小区虽然不是高楼公寓，只是二楼通天住宅，但却满足了这些可能来自北门故乡子弟落脚

永康的基本需要。30多年过去了，这个200多户的小区是统一基层主管安身立命的家，也是他们安心在统一工作直到退休的保障。

20世纪90年代，中国台湾新北市板桥正隆纸业下的山发营造企业，在原正隆纸器厂工地上盖了一栋26层钢骨大楼。张董事长以特惠价卖屋给正隆高管。我能感觉到正隆团队的忠诚向心力，以及愿意不辞辛苦远赴祖国大陆开发新厂新业务之决心。

同样在20世纪90年代创业，到2016年销售收入已达近6000亿元人民币的华为集团，（哈佛商学院认为）其成功源于华为的文化。华为的企业使命是在通信产业要"中华有为"，超越国外通信设备厂商。华为一开始就志向远大，所采取的基本策略是集中国一流通信人才，给予一流薪酬奖励与提供培训，激发全球冠军之拼搏精神，创造自主技术，坚持以客户为中心的企业价值观，永续经营华为。一个创办人的股份由创业时的100%变为现在的1.6%，而员工则以虚拟股权持股98.4%。同时坚持不上市，以免员工卖股图安逸生活，失掉奋斗初心，尤其避免华尔街之短线投资者杀鸡取卵，破坏华为的长期计划。现在的华为员工有如教派信徒般虔诚工作，他们生活简朴，办公室摆行军床与床垫作为长时间熬夜者自主工作与休息之用。任正非出入机场搭出租车之画面令人印象深刻，有多少CEO能这样做呢？2016年，华为红利发放1500亿元人民币，新员工待满三年可分到15—20万元人民币。但华为的工作原则是三人做五人的工，拿四份的钱，这是减人增酬的基本原则。华为堪称中国人商业管理之典范。

三、马斯洛需求之比较

表2-3 五级领导与四级领导马斯洛需求的比较

马斯洛五级需求	五级领导	四级领导
听其言观其行	我们,团队中心之思考	我,自我中心之思考
	拉犁做工的马	表演的马
	严格但有情	严格且无情
	低调、内向	高调、外向
	属下是伙伴	属下是助手(家奴型)
	用师	用友、用徒
	兼听	偏听
	愿下于人,真下于人(真谦)(下:动词用)	不愿不能下于人,骗人(假谦)
	是刺猬,专心、专业	是狐狸,变来变去
	具有BHAG	没有实心BHAG,执行成功的机会小
生理需求	薪酬高,基本生理需求获较好满足,只给对的人高酬以激励人	不认为给部属高酬是应该的,认为最大功劳者是他自己,不用给别人那么多
安全需求	有好的保险保障,能安心工作	承受工作压力等痛苦与威胁
	免于痛苦与威胁,合理淘汰制	工作环境令人感到压抑,天天感到存在威胁
社交需求	有好的上下隶属关系与同事友谊	没有私谊,担心别人打小报告
	精神好,缺席率低	人失互信,人人自危,少信任人,也常失信于人
尊重需求	有功易受表彰奖励	功劳大多是老板的

(续表)

马斯洛五级需求	五级领导	四级领导
自我实现需求	被期待快学习、成长,担任"少将班长",年少而担大任,很有成就感	下属听口令行动,无自信,学习不足
	独立担任大责大任,成就感强,从而更认真学与认真做	下属很容易失败,并被骂与罚

四、圣吉的五项纪律文化

华为成功的主因是推动学习型组织与制度,华为是2006年管理学大师彼得·圣吉(Peter Senge)出版的名著 *The Fifth Discipline*(《第五项修炼》)的实践者。互联网时代需要建立学习型组织,尤其是决策层与执行层更需要学习新科技并将其融入管理技术中。

表2-4 五级领导与四级领导第五项修炼(纪律)的比较

第五项修炼(纪律)	五级领导	四级领导
学习型组织之修炼基石,是第五项纪律(系统思考)	团队共同学习,全面思考内外在环境	公司单靠天才领导人一人,其他人站一旁,等命令即可,没有共同学习与参与

统一企业在20世纪80年代高清愿时代便有系统思考的机制。系统思考是指系统总机能绩效由其中最弱的一环决定,也称"短板理论",即许多块木板箍成的水桶,能盛水的高度决定于最短的那块木板,就像只要脏器系统之一死亡,人就会死亡一样。

统一企业每周五在总部都有条单位（司令部）之周会，与会部门包括财会、信息、总务、人资、总工程师室、工务部、研发部、采购部（即幕僚单位），以及策略事业部等（即损益单位）。会议讨论范围很广，如新事业投资、人事、管理规章、事业部问题、幕僚单位议题等。讨论后会做成会议记录，下周会追踪确认。

每月第三周损益表一出来后，是全部条单位（总部）与块单位（地方业务处长、厂务总厂长、厂长）联合会议。

这两种会都有系统思考的意义。每个项目所牵涉的各部门都要发挥交叉查核之功能。不管事前、事中、事后，各部门都须论证所属部门之问题或潜在问题与再发之防止办法。

会议中一定有矛盾与争辩，最后由当时的高清愿总经理裁决。

这是统一企业所谓（华为）"之"字形人才培育与学习的方法，所以，统一企业这时候的"战将"多又强，又多具系统思考能力。原研究部分工如下：郭明捷先生担任酱油部部长，刘明照先生出任罐头部部长，黄俊胜先生出任高统（乐士合资公司）总经理。原工厂体系分工如下：黄宪彦先生由奶品厂长调任面包部部长、超商部长、企划副总。也有地区（块单位）业务主管（DBU）调回总部（条单位）做主管，如高雄吴瑞益先生调回总部任食品部部长。这些都是学理兼实务上的轮调，丰富学习，走"之"字培训路（由专才走向通才的事业部总经理历练之路）的实例。

表 2-5　五级领导与四级领导第五项修炼（系统思考，纪律）的比较

第五项修炼（系统思考，纪律）（包括四项核心修炼）	五级领导，团队参与决策，较易得到系统思考之周延性	四级领导，只靠一个领导之天才能力，难有系统性思考，系统性漏洞必多
自我超越（第一修炼，第一纪律）（personal mastery）	宣扬由自我修炼走向团队修炼，努力培养内部接班人	可能有自我修炼，但不再推向团队修炼，所以接班人不易育成
改变心智模式（第二纪律）（improve mental model）	好奇、学习对标公司之卓越，大胆鼓励创新（最多输一次，不怕输）	保守（我已最好、不用再多学）
建立共同愿景（第三纪律）（build shared vision）	有具体的 BHAG，具三环之实质条件	有口号愿景、宣传性愿景，但缺少三环之实质条件
团队学习（第四纪律）（team learning）	通过团队学习达成组织目标，知道只有通过团队学习才能纪律化人、思想与行动（第六章）。人人做事都能系统思考	众助手听命行事，以免做错事，减少损失。团队学习太迂回、太慢、太浪费时间与金钱，其实不用教助手太多

五、如何确定团队经共同学习后是否进步与对齐？

这是 2010 年一家拥有 15000 位业务代表，40 家分公司，500 位部门主管的大型公司大规模团队学习与对齐成果工程检查实例。

纪律化的量测方法是：平均分数提高后表现为更加纪律化，更显示出是训练有素的团队，训练的成绩标准偏差缩小了，团队

更对齐。这是公司往纪律文化、训练有素之质量评量指标上努力的两大方向。

学习的成果必须可以量化,才能知道是否进步与进步多少;进步是否已达所要对标公司之水平;在整体都进步中,还有哪些部门落后了,必须特别辅导。

表 2-6 各区域考评结果(1)

区域	平均分	第一期机考	第十二期机考	提高幅度
北区	87.0	59.6	90.8	52.3%
西区	85.1	61.6	91.4	48.5%
东区	87.5	66.5	87.7	31.8%
东南区	88.7	72.6	94.6	30.3%
东北区	87.3	71.5	92.0	28.7%
其他	83.9	70.8	92.3	30.4%
总计	87.0	67.3	91.5	35.8%

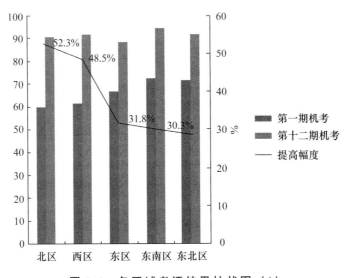

图 2-6 各区域考评结果柱状图(1)

表 2-6 是 6 个月持续每两周一次考核分数之平均分与标准偏差（离差），共有 450 位基层主管接受考核。

说明如下：

（1）经过 6 个月 12 期考核之后，在第 12 期考核中，各区除东区外，皆达 90 分以上之目标。

（2）6 个月来，北区由原不及格的 59 分进步到 90.8 分，进步幅度最大。

（3）东南区平均分由第 1 次到第 12 次均保持第一名，可见，东南区总经理最努力投入区域团队对齐工作。

（4）12 期平均分在 87.0 分以下的是西区（85.1）、其他（直渠部）（83.9）。

（5）所有对齐分数列入区总经理之平衡计分卡（BSC）考核分数。

表 2-7 各区域考评结果（2）

区域	平均离差	第一期机考	第十二期机考	缩小幅度
北区	4.0411	15.46	4.318	72.1%
东北区	3.3617	10.98	3.797	65.4%
西区	3.109	11.29	4.643	58.9%
东南区	2.3505	12.64	2.445	80.7%
东区	2.1907	17.46	2.91	83.3%
其他	5.4349	7.422	1.607	78.3%
总计	3.3273	13.44	4.029	70.0%

▫ 变革管理的大桥

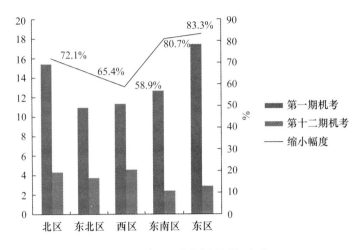

图 2-7 各区域考评结果（2）

上面表和图表示 12 期各区平均离差以及各区受考主管之整齐度。

说明如下：

（1）总体离差由第 1 期 13.44 分缩小至 4.029 分，这是团队管理重要工作的体现。

（2）单位离差愈小愈好，以直渠部 1.607 为最好。

（3）东南区与东区总经理在督导团队整体学习上进步最大，离差缩小幅度分别是 80.7％、83.3％。

（4）由上述图、表可以知道各区总经理在这个项目管理上的领导能力。

总结如下：

（1）团队学习中可以淘汰落后员工，请他们下车，从而一步一步形成考分高与离差小的资优班公司。

（2）长期之团队学习很快反应在团队业绩与技术指标上，时间差约 1 个月。

（3）团队学习可以带动风潮，吸引更多对的人展现热情，不再观望迟疑，而是下来一起推动飞轮，变革愈来愈快。

（4）变革管理不是口说就可成功，要一关一关去突破，从而使团队生产力得到提升。

（5）公司要想发展良好，董事长就要押着 CEO 确实对标学习并测量对齐之均分与离差。

（6）践行《从优秀到卓越》之精神重在先找到对的人给予满意报酬。然后，激发他们自主纪律化之工作与学习热情，由个人热情形成团队普遍热情。最后，这种盛况形成团队学习后，会爆发出团队核心能力与技术，由蓄积时期到找出刺猬，再到突破起飞，达成卓越境界，进而拥有全世界最出众的能力与技术之卓越绩效。

（7）团队学习是推进《从优秀到卓越》第六章纪律化人、思想、行动的唯一手段。它的过程很长，组织中上下阶层都会觉得很辛苦。要有 BHAG，才能驱动这先苦后甘之团队拥有斯托克代尔式的信心，产生一致的学习热情，从而在学习期过后，建立公司之核心能力与技术。

（8）转型失败的公司，不是没有团队学习，就是半途而废，想不劳而获。所以在 2010 年的上海 CEO 论坛上，大家认识到："公司对齐"是 CEO 们最难的事。

第6节　先人后事——从《易经》"谦卦"寻找对的人

《从优秀到卓越》中"对的人"首先要谦逊，即谦卦中的谦谦君子。

很多人读了柯林斯的《从优秀到卓越》一书后，会觉得柯林斯并没有在第三章明确交代如何"找对的人"，仅画个大致轮廓，而且还很晦涩难懂。

我读了《易经》之后，发现《易经》谦卦的六个爻是企业各阶层主管在找不同阶层新人时很好的参考依据。

高管们面试新人时，除制式地运用心理与性向测验卷外，也会有好的"提问"，让新人往好的方向发展。

"谦，亨，君子有终。"意思是：谦才能亨通，管理起众人之事来，才能政通人和。谦是要有始有终地去做，谦字的左边是"言"字，右边是"兼"字，谦的人讲话（言）时，会设身处地"兼"顾到别人的立场。德能勤绩即指谦的人有德，若有能又勤，自然很快提升绩效获得升迁；再加上始终谦谦，那一定终生吉祥。

《从优秀到卓越》第三章指出，要先找到对的人，然后再决定做什么事，这"对的人"就是谦的人。柯林斯特别提醒，如果一开始找不到对的人，宁可把那个位置先空下来，否则用错了人再改正，所付出的代价往往是总算找到对的人的10—20倍以上。

谦卦的下卦为艮，艮为山，山本来应该屹立在地面上，此时却愿屈身于地之下，《易经》用这个卦象来象征"谦虚"。

第 2 章
建班子

就像我们看到一个王后蹲下来和一个五岁小孩亲切地聊天，这时她的高度甚至比小孩低。一个总经理愿意坐在矮凳子上，倾听业务员站着讲解当区的经销商情况与区域商情，这画面看来就是业务员在上、总经理在下的"谦"之画像。

如果任何人做任何事情都能谦虚的话，必然会亨通，因为谦虚就是美德，会使人心服。但谦虚不是一种谋利的手段，短期的谦是装出来的，是虚伪的，骗不了人太久；君子的谦是终身要奉行的。

在《易经》六十四卦中，几乎每一卦的六爻都有吉有凶，只有谦卦的六爻都是"吉"！可见"谦虚"的重要性。深入了解谦的各爻辞之后，才会懂得谦虚并不是退让、软弱、做作，也不是没有实力，而是真有本事的人才够格讲谦。

《易经》在大有卦之后出现谦卦，是有其用意的。"大有"表示盛大丰有，而"谦"卦表示愿意在大小人物间公平均分，在盛大丰有的局面下，做到公平均富才不会得咎，否则贫富不均会造成社会问题。《从优秀到卓越》也告诉我们，五级领导者不为私利，不居功，不抢功，所以能成大业。

谦虚的动机必须是纯正的，才能获得共鸣，以德服人，从而领导大家完成大业。

（一）第一爻◎初六，谦谦君子，用涉大川，吉。（对象为基层员工、业务员）

初六爻为阴，柔顺，居下位，象征卑退自守、谦虚而不失风度的君子。因为谦虚，所以可以克服任何艰难险阻，即便渡大川也会顺利吉祥的。

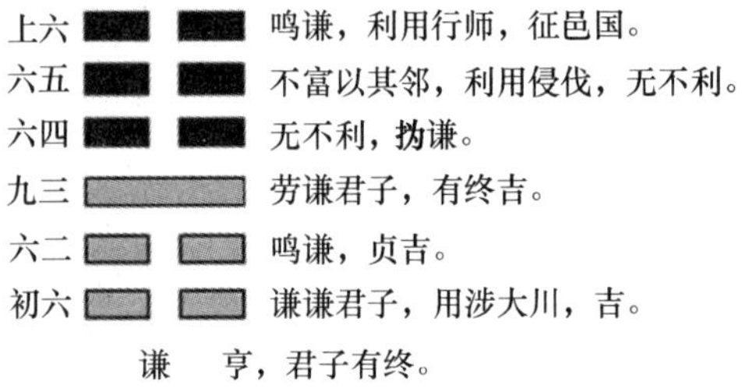

```
上六 ▬▬ ▬▬   鸣谦，利用行师，征邑国。
六五 ▬▬ ▬▬   不富以其邻，利用侵伐，无不利。
六四 ▬▬ ▬▬   无不利，㧑谦。
九三 ▬▬▬▬▬  劳谦君子，有终吉。
六二 ▬▬ ▬▬   鸣谦，贞吉。
初六 ▬▬ ▬▬   谦谦君子，用涉大川，吉。
    谦  亨，君子有终。
```

图 2-8　谦卦卦象

此爻也表示不会居下位太久，就会有涉大川的机会，让人往上挑战。只要刻苦自励，养志待时，终会有出头的日子。

（二）第二爻◎六二，鸣谦，贞吉。（对象为初级主管、营业组长、营业所主任）

业务员业绩好，人又谦虚得人和，累积好的表现之后，一旦获升迁就是初次鸣放好声名，但仍谨守着谦虚。

六二柔顺得主任位后，号召大家共同谦虚，并贞（固）守正道，当然吉祥。

此爻表示你在各方面都做得很恰当，不仅自己能起带头作用，而且还能立高一呼影响一个营业所，使同仁都能谦虚，巩固业务以达传承。谦虚，让营业所成长为吉祥的地方。

（三）第三爻◎九三，劳谦君子，有终吉。（对象为课长）

下卦上爻已是小领导，工作繁重，日夜都很勤劳，拼一定成绩，好建立功劳，但仍谦虚自处。

九三为本卦唯一阳爻，又居阳位，有出类拔萃的象，能谦虚，又有始有终，当然吉祥。

此爻表示你已是个能者多劳的经理了，能自己先打前锋，部属也会跟着去做。而你又甘居下位，且能敦厚待人，劳而不伐，有功而不傲，难能可贵。若能始终如一，结果必然吉祥。

孔子曰："劳而不伐（夸扬），有功而不德（自得），厚之至也！语以其功（谦）下（待）人者也。"意思是："辛勤付出而不自我夸耀，有功绩而不自认为有功，这是敦厚到了极点啊！这是说君子虽有功勋而能谦下对人。"

（四）第四爻◎六四，无不利，撝谦。（撝，不违背。对象为经理、协理、副总）

六四阴爻和九三阳爻合成阴阳和谐，从下艮之山进位到上坤之地，等于从山上下到平原，会很快活，很顺利，所以发挥谦虚的美德是不会不利的。

此爻表示要知己知彼，扬长补短，把被动变为主动，也不违背谦虚美德，这是经理级高管应具备的重要素质。

（五）第五爻◎六五，不富以其邻，利用侵伐，无不利。（对象为总经理，对内是发号施令的老大）

六五爻居尊位，以柔主政，居尊位而不自尊傲人，聚富而不显富，聚权而不显权，不以财富与权位让同仁（朋邻）有不当压力。但有时也要用权力来教训不勤不能的部属及惩罚"不谦"的恶人，这样公司才能无往不利。

此爻表示位居高端主管级的企业家要打开心胸，谦虚地采纳周围人的意见来作决策。但过于谦虚也会变成卑弱，主持政事不能一味谦退宽容，有时也要严肃，这样就不会不利了。

我们看历史上商鞅处理秦驷王子犯法这件事。他处太子傅削鼻，太师刺脸，这是利用侵伐，任凭孝公求情也不得，"很过分"。商鞅变法虽是求纪律化的快招，但自由的框架太小了。

（六）第六爻 ◎ 上六，鸣谦，利用行师，征邑国。（对象为董事长，即大佬人物）

这个位置的人要懂得宣扬谦道的企业文化。董事长是公司的决策层，任务是扩大舞台，把场子做大。必要时可以是领军攻市场的大将军，要赢得利润与市占率的战争。我们特别看看秦孝公的谦，他负责征邑国，对秦氏家族、甘龙老世族的反变法集团来说，这会损及他们的利益，所以把动员自己母亲背书的大工程做好，才搬走了变法路上的大石头。

口头上的谦虚，必须要有才能和实力做后盾，否则会被视为没有本事的借口。有本事、有实力的人表示谦虚，才是真正的谦虚，才能出师征讨他国，获得胜利。

在本书第 3 章第 4 节将谈到的白象个案中，新聘任业务总裁不执行董事长的新品牌策略，拥有业务团队的"大诸侯"不听指挥，假如当时董事长之企划团队深思熟虑，思考《易经》第十五卦即谦卦之六五爻"利用侵伐，无不利"与上六爻"利用行师，征邑国"的道理，使新业务总裁服从，若几经沟通说服仍不服从，必须辞退之，展现五级领导者专业坚持之毅力。只是可惜，董事长谦和但不专业坚持，最后使团队项目以失败收场。外聘总裁、副总裁时"水分"过多，履历好看但底层纪律功夫不扎实，猎头公司不仔细把关，只急着赚"媒婆钱"，同时公司方面急于找人进门，对于此人是否符合"先人后事"的要求，是否是对的人，考察时间不够。外商招聘高阶领导时，常常经过半年或一年多方考察。外聘高管失败多源于"急着抢人"。其实，自己提早培养事业部总裁人选，才是王道。

谦卦上六爻，表示你必须是有实力的谦虚，才是真谦虚，再则要专业坚持才能尽全功，他人才会信服，才能带动部属，做事才能成功。相对地，弱的领导者没才能、没本事，也没有良好的表现，从而没有资格去谈谦道。所以，鸣谦是"有所谦，有所不谦"。

中小企业应利用谦卦内涵，作组织设计思考后，展开新人招募面谈与下属考核面谈的策略。

中国中小企业一般能存活 10—20 年，靠的是创办人个人杰出的能力、体力、智力、毅力及魅力等综合才能所拼搏出来的。很多中小企业董事长同时兼总经理，在转型初期，往往想由内擢升一位总经理，或者外聘一位总经理。这的确是第一个选择。

谦卦是一个成熟与纪律化后组织的卦，除主卦九三外，都是阴爻。组织采柔性管理就很上轨道。但是对一个中小企业而言，这很难成为现状或未来短期所期待的状况，因为这种成熟的组织并不适合在公司还不够稳定、成长慢、人员变动快、很多纪律规定不完善与对齐不足的环境中生存。使中小企业较为安定的组织是四级领导的剥卦，由一个天才董事长率领几百名员工打拼，他几乎叫得出每个员工的名字。

转型的第一步是要找一个总经理来帮忙或主政，或先帮忙后主政，做好这一步，结果会大不相同。关键是董事长要一改"阳刚"的作为变成"阴柔"调和鼎鼐的角色，而把原本的阳刚角色交给总经理去扮演，这位总经理同时也要能担起九五至尊的角色。这时，组织的卦变成"上坎下坤"的比卦。比卦是一阳统五阴，比邻相亲相辅，和乐之家。

当然，中国历史上有太多养虎为患的例子，宰相（总经理）篡位夺权，如曹操篡汉，司马懿再篡曹。古代皇朝是赢者通吃，其臣子是奴才。虽说篡位会遭致杀头，风险大，但利益也大，还可世袭。然而，现在的公司以上市为目标，建立股票选择权、红利配股、特别分红等制度，公司员工为上市的大利，会汇集众人的力量共同打拼，那么个人家天下的概念就落伍了。所以，中小企业董事长要勇敢改变，《易经》的比卦会让公司更进一步。

第一步完成后，第二步是要建立各公司机能，即五管经理"阳刚"自主管理。这是对齐的中心工作，能推动项目管理、事业部、营业所与产品线利润中心事业部单位制（business unit，BU），培养全员客户中心的专业推销精神（FAB利益销售法），衔接中小企业"来福枪"利基产品与市场作战的品牌管理。第二步完成后，公司将走入上坎下艮的"蹇卦"。

第三步是让中小企业的兵成为精兵，成为可以"以一当二"来打大企业的兵。韩信背水一战，以一当五，可见其带兵的本领。有第一线公司内与外的精兵团队，中小企业便由"蹇卦"变成上坎下离的"既济卦"。公司与事业若想达到和顺和旺，每个阶段都得花上2—3年去扎实做好，才能往前推进。

第 3 章
定策略（与决策）

> 没有战略的企业就像一艘没有舵的船，只会在原地转圈。
>
> ——〔美〕乔尔·罗斯

我曾与美国、日本、韩国、澳大利亚、新西兰、新加坡、泰国、马来西亚、印度、巴基斯坦、瑞典、法国、希腊等近 20 个国家的商人与企业家往来，有机会观察与了解他们的文化。我个人认为，中国企业家的"斯托克代尔悖论"情商指标分数（EQ of Stockdale Paradox）均分最高。经过近 40 年的改革开放，中国政府政策正确，具宏观的决策能力并有效率地执行，再加上中国企业界的拼命学习与实干精神，这是中国年均 GDP 增长全球第一的主要原因。

第1节 毛泽东的万里长征是斯托克代尔悖论的典范

《从优秀到卓越》强调面对残酷事实,并不妄想问题会自动消失,这与毛泽东所提出的"实事求是"精神道理相同。在商场上要理性面对市场竞争,要尽力挖出残酷事实,之后要先学会使用焦点小组座谈会(Focus Group Discussion,FGD)的思想与技术(特别是快消品产业之管理)。

"实事求是"是指从实际情况出发,探求事物的内部联系及其发展的规律性,以认识事物的本质,即按照事物的实际情况办事。《汉书·河间献王刘德传》里说:"修学好古,实事求是。"意思是总结经验要实事求是,不可弄虚作假。

毛泽东的实事求是原则与哲学思想,是在反对主观主义(优秀领导的刚愎自用)、教条主义斗争中,逐渐形成和发展起来的。中国共产党十一届三中全会以后,在邓小平理论的指导下,通过"实践是检验真理的唯一标准"问题的大讨论,拨乱反正,正本清源,才重新恢复和确立了党的实事求是思想路线。

毛泽东以高超的智慧,特别挑"实事求是"为思想主轴,这印证了柯林斯在调研中的发现:很多领导者不愿面对残酷事实并妄想问题会自动解决,其所犯诸多错误中,这常是所有错误的来源与基本原因。

实事求是原则,是毛泽东通读《资治通鉴》17遍后,教导中国共产党的领导者们在作正确决策时,必须要具备的要领与心态:要把"事实"全都找出来,才能做成"是"的决定。

第 3 章
定策略（与决策）

《从优秀到卓越》中引用了二战时期英国首相丘吉尔在《命运之锁》中的名言：

> 对国家领导人而言，没有什么错误会比误以为事情会自行解决的妄想，更令人不可饶恕了。

柯林斯也引用皮特尼（Petney）公司总裁弗雷德·珀杜的话来表达面对残酷事实时的正确心态："当你翻开岩石，看到底下那些龌龊的东西，你要么把岩石放下，要么对自己说：我的职责就是要翻开这些岩石，看看这些龌龊的东西，尽管这可能会使你恶心至极。"

毛泽东说：没有调查，就没有发言权。"实事求是"的"求"，就是调研，"是"是原理、规则、规律性。

中国消费性用品的产品经理，尤其需要具有"实事求是"的态度。决策失之毫厘，到现场就差之千里了。不用谈很复杂或专业的调研，只要先把 FGD 调研做好，就可立于不败之地。

因为"实事求是"的辩证，可以避免好大喜功，做白日梦，好开空头支票。如果大家养成"仇视自满与自我中心的判断"，那组织的论证与决策就安全与客观多了。

40 多年来，我从消费品产品经理一路走到总裁阶层，对于做 FGD 调研有很多心得，总结如下：

（1）FGD 调研是西方商业王国的"坚船利炮"，是全球市场攻伐的秘密武器。

（2）FGD 调研是静水下的"潜流"，动能很大，它主宰着整体的策略规划。

（3）FGD调研场合：业务高管宴请经销商时，就是地方商情之FGD调研的最佳场合，让应酬饭局变成建设性调研会议。

（4）FGD调研核心操作人员：总部行销与营管的"条"和地方业务总监与主任的"块"，皆要经过FGD调研的专业培训，这样才能具备调研的长期实地作业经验，从而培养出论事有远见、能"求是"的优秀"团块"。

（5）FGD汇总调研就是"实事求是"，充分利用市场知识与情报，性质就像丘吉尔在二战时所设的统计局。

在《从优秀到卓越》一书中，丘吉尔描述他的统计局好于美梦。即便是在这样大胆的设想之下，丘吉尔也从不忘记要面对最严酷的现实。他害怕自己那铁塔般的强硬个性，会使最坏的消息不以最坏的形式传到他的耳中。因此，战争一开始，他就在普通的渠道之外，又建立了一个完全独立的部门，命名为"统计局"（The Statistical Office），主要功能就是向他提供最新的、完全没有修饰过的战况。

整个战争时期，丘吉尔都依靠这个特殊部门，不断地要求该部门提供事实——纯粹的事实。就在纳粹军队席卷整个欧洲大陆之时，这个部门提供的信息使丘吉尔还可以老神在在，酣然入睡。"我不需要美好的梦境"，丘相写道，"事实胜于美梦"。

（6）FGD调研能够创造差异，消费性商品行销要有差异性，这是靠脑力创造出来的。好比电视节目的收视率竞争很剧烈，节目的制作人必须靠节目前、节目中的FGD调研，统计整理极短期内观众回馈的收视态度。产业竞争生死搏杀愈激烈，愈要使用

FGD调研这一愈磨愈利的兵器。很多中小企业主与高管，常常因为FGD调研的功课做得不够，导致老是抱怨市场存在恶性竞争。其实，可以多从FGD调研上下功夫，打开不同的眼界。

（7）外企中约80%的CEO是产品经理出身，这些领导人本身就是FGD调研高手，FGD调研的智慧就储存在他们的脑中，调研让他们自己与团队更聪明。快速消费品（fast moving consumer goods，FMCG）公司的行销、业务、研发各部门必须要共同分享与研读讨论FGD调研报告，不能独享。我在中国的经验是，大家都很舍不得花钱做FGD调研，也不命令中层产品经理进行重点的FGD调研，实在可惜。

（8）有时，很多决策要"从贤"而不"从众"。例如，大家最称赞的苹果手机创办人乔布斯就不信"调研"，但这是少数的特例。

（9）很多时候，在FGD调研过程中，自己可以理性地发现错误并及时作出修正，这将减少错误决策后再思补救的重大损失。决策错误比贪污可怕。

（10）《从优秀到卓越》用很大篇幅谈论菲利普·莫里斯（Philip Morris）公司CEO乔·库尔曼的"7-up"错误并购案的"验尸报告"。只有不掩盖个人失败，才能缔造团队成功，这也是典型"实事求是"的表现。

这种商业文化对中小企业而言具有背水一战的意义，中小企业要以全员参与FGD调研培训的战力，从而以寡击众对抗大型企业军团。

> 变革管理的大桥

第 2 节　上市是中小企业的 BHAG

刘邦用统一天下的 BHAG 来号召天下英雄，项羽却死在吝啬与小气的分封这种老一套的 BHAG 上。

秦末，项羽与刘邦争雄，项羽在巨鹿之战大败秦军后，大家看好他会称王，因而归顺项羽者众。项羽自封西楚霸王，并封十八路诸侯，封刘邦为汉王，这时项羽 27 岁，而刘邦已 50 岁。但是项羽因优秀而骄傲，刚愎自用，封诸侯国后并无统一天下之大志。

人类首次登陆月球的阿波罗计划（Apollo program），是 BHAG 的好范例。

阿波罗计划或称阿波罗工程，是美国国家航空航天局从 1961 年至 1972 年所组织实施的一系列载人登月飞行任务，主要致力于实现载人登月飞行和人对月球的实地考察，为载人行星飞行和探测进行技术准备，是世界航天史上具有划时代意义的一项成就。阿波罗计划总共耗资约 240 亿美元。因此有人认为，资金是美国能够领先一步登陆月球的最大因素。

阿波罗 11 号飞船登月飞行是阿波罗计划中的第五次任务，发射于 1969 年 7 月 16 日，此次飞行达成了上述目标，宇航员尼尔·阿姆斯特朗与伯兹·艾德林成为首次踏上月球的人。"这是航天员个人的一小步，却是人类的一大步。"

中小企业上市的 BHAG 是一个长期性策略，需汇集与发挥全公司"力出一孔，利出一孔"的努力去拼搏。这与韩信背水一战的战略相同。

未来,中型企业若不上市,就没有便宜的公开市场资金帮助公司实施中长期成长计划,使公司为实现真实的 BHAG 去努力。上市后会有较大的可能性吸收更多如张良、萧何、韩信等顶级专业性人才,以满足组织现在与未来的发展需要。这可让公司的飞轮循环向上,使上市这一 BHAG 更有成功的可能。

中小企业上市之 BHAG 的文字说明需要符合 SMART 原则(specific, measurable, achievable, realistic, time-based),即:

(1) 明确性(specific):目标必须是具体的,明确,易懂。

(2) 衡量性(measurabble):目标必须是可以衡量的。

(3) 可达成性(achievable):目标必须是可以达到的。

(4) 相关性(relevant):目标必须和其他目标具有相关性。

(5) 有完成起讫时限(time-based):目标必须有明确的截止期限。阿波罗工程计划 10 年达成,中小企业上市与变革成卓越公司可定 15 年左右。

中型民企要有 BHAG,就是完成 IPO 上市。

中国的中型民企经过这近 40 年的成长,未来是前有大型企业资源多、人才多、资金便宜、强强联手等优势,给足中型企业再成长与突破的"铁板";后有小型企业竞争以及"灰色"操作下的低成本,也有小型企业懂得差异化,在特定利基市场经营,而取得未来的成长契机,逐步前进。

"前有铁板,后有追兵"是中型企业面临的困境。因此,每个中型企业转型的成功,都要靠一个宏伟、艰难与大胆的计划。在《从优秀到卓越》一书中,柯林斯举了很多经典例子。第一个例子是波音（Boeing）公司原是最大的军用喷气机制造商，后来将其资产的 2/3 投到民用大飞机 707 的开发中，一举成功，迈向航空霸主地位。

第二个例子是金佰利·克拉克（Kimberly-Clark）卖掉商业性造纸厂，就像项羽在巨鹿之战中，先杀宋义，以破釜沉舟的决心打败秦军般，集中力量于消费性纸品生产上，以小巨人（奥特曼）对抗哥利亚（大怪兽）的姿态，挑战宝洁（Procter & Gamble）公司。到今天，它已拥有舒洁（Kleenex）面巾纸、好奇（Huggies）纸尿裤、高洁丝（Kotex）妇女卫生巾用品，同时并购了舒洁斯考特（Scott）品牌。大家佩服 1971—1991 年这 20 年间担任金佰利·克拉克 CEO 的达尔文·史密斯（Darwin Smith）之杰出领导，柯林斯也极力称赞达尔文·史密斯是 20 世纪企业转型战略实施的典范。

柯林斯详述了达尔文·史密斯个人的感人故事。在 1971 年，达尔文·史密斯上任 CEO 才两个月，就被诊断出罹患鼻咽癌，医生说他只有一年的生命，结果他却多活了 25 年！这全靠他的毅力，令人敬佩！

金佰利·克拉克的成功源于其有一个明确的 BHAG，它类似于一个愿景说明的商业策略计划了创造了一个全公司的中长期（10—25 年）目标，外面的人都认为不可行，也不可能成功，而公司内部人则认为值得奋力一搏，结果成功了！

诚实且有内在实力的 IPO 上市是中国中型民企未来至少 15 年的 BHAG，理由如下：

（1）在准备上市的过程中，要邀请新的长期投资策略伙伴入股，使公司有更丰富的资源，带来资金、技术、人才及策略联盟网络。上市后也会有便宜的募股与发债等,如此一来,公开市场的资金就可以运用于企业成长。

(2)准备上市的过程中要改组董事会,过去为小型企业时,董事会成员可能是家人、朋友与公司高管及亲信等非专业人士,只为召开董事会时投票举手通过程序而存在。未来必须组成渐渐符合上市法规的国际性公司治理组织、机制与董事成员格局。不要像项羽仅用项氏家人与外戚亲属做核心人员,那是一个失败的董事会。

(3)改组董事会的过程中可能要更换注册会计师与修正会计系统,执行这一操作的人员必须有较高的素质,强调内控与稽核功能,不能有消极的态度。

(4)中国上市公司报表的真实性,屡遭华尔街法人质疑与责难。中国证监会正努力提高内控与稽查能力,公司重要的会计系统负责人必须持证上岗,这样未来公司的治理质量可以得到提高。

(5)为扩大规模与确保会计报表质量,必须逐步改善 ERP(enterprise resource planning,即企业资源计划),让会计与资管人员有 2—3 年换轨工程的执行期,这样才能拿到投资大众的信托资金,才有利于企业成长发展,上市成功。

董事会是公司治理的核心机构,必须具有像 ISO 9001 质量保证体系一样的管理精神:"说、写、做"合一;"说所做,写所说,做所写"。董事会应要求股东与社会投资人遵守最高的诚信标准。

(6)上市的非金钱目的是:公司稳定成长与获利后,保证现有人员的就业安全，创造当地更高就业率与国民生产值。同时，公司可以带动当地的公益活动以提高文明质量。上市还能激励公司团队学习管理新知识与新技术，产生社会责任意识等。

（7）可以在未上市前就建立符合国际标准的董事会。衔接学习《从优秀到卓越》"治未病"的概念，并提前实践正确治理公司的方式，提早迎接良好治理所带给公司之进步与高绩效。

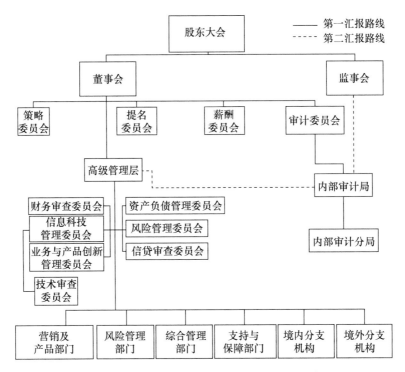

图 3-1 符合国际会计准则的公司部门示意图

（8）优良的公司治理是推动企业"从优秀到卓越"转型的根本。

根据符合国际会计准则下的公司治理，中小企业在董事会下设立四个委员会，已经很不容易了。

① 策略委员会

首先，长期即10—20年的BHAG的讨论、修正、通过定案及例会时追踪，这几乎是转型成败的关键。

其次，中期，建立资本投资计划与财务评估及BHAG中期追踪报告。短期，改善利润中心制，推动项目管理，落实FAB利益销售法的训练，拉动管理科技前期（1.0）的基础工程，并且实施每季度每年财报与策略检查。

再次，掌握态势分析法即SWOT分析法，真正实事求是地面对残酷事实，甚至独立调研，作交叉比较、季报审核、策略追踪与新策略讨论。

最后，评估并审核新管理科技的价值与新技术等实行的可行性。

② 审计委员会

首先，审查内部稽核报告以及修补内控办法后，签署对外财务报告。

其次，严审采购合约与异常采购管理并纠正，审计是要确立"纪律文化"的执行，并且防止贪腐、怠责，同时检查大项目管理的质量、速度与支出成本等。

③ 薪酬委员会

建立有竞争力的薪资福利给"对的人"，设计分红制度、股票选择权等，并且根据市场薪资调研及时修正。

④ 提名委员会

从公司协理或副总级以上高管到执行长的聘任，都需要经由提名委员会的面试、复核，避免小圈子用人形成宗派，务必厉行

"先人后事"及找"对的人"上车。在末位淘汰制下,让不对的人下车,以确保五级领导文化的传承,并在内部培养 10 至 15 年后公司发展所需的执行长与高管阵容。

中型民企高管对公司的治理工程可能是又爱又恨,有时会认为管得太多了吧。然而,国企的董事皆属基金法人代表,拥有专业学历,并且在实务中也有长期经验,可以说他们很多都是"从优秀到卓越"故事中当事人公司的有关人士,经由他们在董事会的督导和执行,团队将形成"如虎添翼"的飞虎之势。

第3节 从认清残酷事实到掌握刺猬法则
——美克·美家的品牌奇幻之旅

美克·美家是由中国企业家白手起家、自力开创的民企。虽然它是从中国西部接近边陲地带的乌鲁木齐起家,却因为于 2000 年前后预见未来中国家具生产及出口行业可能面临的美国贸易保护壁垒所带来的冲击,以及中国国内因住房政策改变和收入增长而带来家居市场的新契机,及时发挥自身优势,找到关键的合作伙伴,成功整合内外部资源,终于在 10 多年间转身成为中国高端家居市场的领导企业。

美克·美家的前身是中国最大的家具制造与出口商之一即美克国际家私制造有限公司(1997 年 5 月成立)和美克国际家具股份有限公司(1999 年 10 月成立)。虽然美克在上海 B 股上市时出口业绩达到顶峰,但董事长已经预见美国市场越筑越高的贸易壁垒,随着课征反倾销税的到来,可能会给美克企业的成长带来相当大的冲击与阻力。

所以，美克高层就开始思考如何正面回应。美克当初是以家具出口为主业，因而即将面临美国开始对中国家具出口实行反倾销制裁所引起的冲击；但也因为长期与美国家具品牌与零售商（如 Berkshire Hathaway Furniture Division，Amercian Signature，Havertys Furniture，Thomasville Furniture，Legacy Classic Furniture，Ethan Allen 等）合作的关系，凭着对西方家具、家居艺术独特的理解，对潮流敏锐的嗅觉，得以从 OEM（纯代工）升级到 ODM（代工＋设计）厂商，培养出企业自行设计开发新产品的能力，为其走上自创品牌之路奠定良好的基础与契机。

2000年初，中国国内的家具市场也正面临新住房政策带来的巨大商机。自住房热潮开始掀起，一方面，政府开始改变政策，不供房，新进员工要为自己寻巢（通常是通过长辈的经济支持）。另一方面，在外企与私企服务的高阶白领也开始置办房产。同时，由于收入大幅提高，原先已分配到房子的家庭，也兴起"装修"风潮。于是，这样的高成长需求趋势就促成"美克·美家"这个以家居美学概念而建立的零售品牌与事业的兴起。

2000年初，在中国整个家具零售市场除了家具制造商自己经营的小规模家具零售连锁店外，宜家（IKEA）开始出现在少数的大城市，它对中国刚崛起的中产阶层在当时起到家居空间设计的关键性示范作用。另外在北京、上海、深圳三大城市（尤其是北京和上海），只有少数高价家具进口品牌，方能满足那些高端消费者群体的特殊需求。因此，中国高端家居市场在那时基本上是一片肥沃的处女地。另外，大多数卖场的摆设是按照家具的种类区分，如沙发区、餐桌区、床组区，而美克·美家算是第一家将各类欧美家居风格①完整呈现与展示的高端零售品牌。它将先进的优质家居生活观念引进中国，让收入渐丰、对品位与美学开始有体悟与要求的高端消费者得以实现生活艺术化的梦想，让他们在使用高质量家具、家饰的同时，从揣摩开始到精心挑选合乎自己品味与风格的家居生活。

在品牌构筑初期，美克·美家具颠覆性的主要战略性思考与作为包括：

（一）将旧式"买家具"的观念转换为引入"家居生活"的概念

家具不是拿来填充多余居家空间的，也不是单纯作为充实生活功能的用品。它应该可以成为用来布置、安排自己家居生活的道具。

（二）改变对家具店的传统看法

家具店过去是想买某件家具时，就按照家具的分类去寻找、比较，甚至杀价的地方。而美克·美家是让你去观赏与体会某类型的生活方式或居家风格的展示空间，在这样的空间里，客户可以细细体会与观摩每样家具、饰品，甚至窗帘是如何组合摆设的，然后领悟出某一类适合自己的特定生活风格。

（三）将美学观念带入中国

美克·美家打算将美学观念带入中国消费者的居家生活，所

---

① 例如，体现意大利古典城堡韵味的"新传统"，灵感源于法国路易十四、十五时期的"新洛可可"；勾画古罗马浑厚风情的"罗马假日"；对普罗旺斯"法式乡村"的向往；纽约高级公寓的"美式经典"摆设。

以在还没开任何一家店前就在前往北京机场的高速公路的巨型T牌（一年租约300—350万人民币）上跟潜在客户"说"："生活与艺术的对话——美克·美家"。

（四）实景打造家居生活馆

美克·美家所精心打造的家居生活馆，通过实景展示与专业家居顾问解说，提供客户家居整体解决方案，彻底改变过去中国家具业的零售模式。

（五）传达"发现经典，感悟生活"理念给消费者

这个家居生活品牌企图协助生活日益改善与提升的中国消费者去"发现经典，感悟生活"。经典指的是让当时中国有经济能力的消费者在对西方家居生活憧憬与向往的过程中，找到学习的典范；生活指的是某种类型的生活方式，通过这个品牌的服务让客户从观赏各种类型、各种风格的家居摆设方式，到揣摩适合自己的居家风格，再到感受自己家居的生活美感与幸福感。

（六）为消费者提供更多选择

在家居馆内一边展示其合作对象的美国品牌"伊森艾伦"（Ethan Allen）作为高端家居品牌的旗帜，另一边则展示自己的品牌"美克家具"，这象征中国设计制造的家具已经达国际水平。借由两个品牌的产品系列在价位与风格上的区隔，让消费者有多样的选择，但却享受一样的专业服务（借由与伊森艾伦的合作，全面引进其管理模式与体系）。

（七）寻找值得学习的对象

在企业发展的过程中，一直寻找值得学习的对象合作，由此

让自己的企业培养该行业的核心竞争能力,得以从居室设计扩大到家具制造,再到家居零售品牌的创建,以及进入家具零售业的经营。

从上述美克·美家的主要战略思维与作为,我们可以发现它与柯林斯所归纳出来的寻找对的人(关键性的合作伙伴与管理团队)上车以及刺猬原则相吻合。以下是我的解释:

(一)五级领导者的决策风格

在开始与广告公司团队合作时,冯东明董事长亲自解释公司的创业沿革与理念,带领合作伙伴参观公司内部的"家居博物馆",其中陈列了其为美国家具客户完成的代表作,包括OEM(纯代工)升格到ODM(代工+设计)的厂商及作品,以及所欣赏的国外品牌产品及自家家具组装生产线。接下来则提出对决定进入零售行业的思考,以及对自创家居品牌的想法,包括愿景、使命、定位、品牌商标(Logo)与广告标语(Slogan)。这些方面都是由冯东明董事长亲自领军。整整两天,冯董将自己与广告公司资深主管们关在会议室里,一方面解说,一方面提问,同时也与合作对象深入讨论,甚至辩论。他在整个过程中的投入令人印象深刻。对初创品牌的企业家,这应该是个颇为关键的过程。他是亲自参与及带领而不是将这样重要的功课直接交给手下的企划团队与广告公司去完成。董事长放下自己是客户与老板的身段,既尊重专业,也挑战专业,与大伙儿一起脑力激荡,甚至向这些人请教专业知识,然后将品牌的基因定义清楚。这就是不将问题界定清楚或是不找到自己觉得满意的答案绝不放手的五级领导者的特质之一。

(二) 找对的人上车

这里,"对的人"不仅包括高阶主管,还包括关键性合作伙伴与管理团队伙伴。在美克·美家决定进入零售业时,虽然他们多年来参观过美国各类零售品牌的卖场,对自己未米家居卖场的模样也有清楚的轮廓,但毕竟自己没有实质的管理经验,所以决定聘用在美国具有数十年经验的专业经理人担任美克·美家的总经理。

美克·美家一进入家具制造业,就大胆与居于行业前端的外商企业合作,例如,与台湾地区家具制造公司台升集团合作生产"松木"家具,其中,美克·美家提供设计,台升提供制造技术以及与渠道商的对接,设法打开美国家具市场。生产松木家具,在当时被认为是颇疯狂的尝试与创举,但是美克·美家却通过努力被美国家具业界誉为"松木之王"。然后,在自创家居品牌阶段,美克·美家又决定与在美国已上市、有70多年历史的高端家居零售品牌伊森艾伦合作。一方面,通过这样品牌的驻店,让国内高端消费者开了眼界,自己站稳中国高端家居市场的制高点;另一方面,也推出自己的品牌,设法更贴近国内消费者的需求,让形象与销售兼顾。

当初他们在找营销沟通伙伴时,冯董除了想借助对方的资源外,更重视对方高管的视野与创意团队的领悟力及投入。他派了亲信S女士来到北京与广告公司晤谈。当时,S女士负责美克·美家家具ODM(代工+设计)产品的设计元素和家饰品的总采购,以及旗舰店的内部装修与摆设,也是后来美克集团零售项目总监。

那时彼此交换的是"理念",讨论的是美克·美家未来想带给中国消费者什么样的家居生活,希望他们来到美克·美家时有什么样的感受与体验。当时,广告公司团队提到了马莎·斯图尔特(Martha Steward)——美国中产家庭家喻户晓的传奇人物,她通过杂志进而通过电视节目引领美国家庭主妇自己动手打造家庭生活。从烹饪、园艺到居家摆设与布置,影响了无数美国家庭。而美克·美家在未来也有可能扮演引领中国消费者体验将艺术品位带进家居生活的角色。

类似这样的对话自然让彼此拉近了距离。后来,该广告公司在美克·美家准备进入零售市场的酝酿阶段,建议利用凤凰卫视的平台,在广告播放之外,采用企业专访形式,目标对准高端家庭、企业高管以及政府各级领导。美克·美家到新的城市申请开设旗舰店时,这个专访成为很好用的敲门砖。在上海旗舰店开幕之际,美克·美家甚至动用该广告公司与当家主持人陈鲁豫的合作关系,请陈鲁豫客串开场主持。陈鲁豫流利的英语与大方优雅的台风,让中外嘉宾(包括各国大使馆商务领事及商务部领导、上海市领导)对美克·美家这个在中国消费者眼里非常陌生的品牌,留下了深刻的印象。

(三)刺猬法则的三环理念

1. 你对什么充满热情?

在与美克·美家员工接触时,可以感觉这是个纪律严明的团队,尤其年轻干部的素质颇为整齐。据说他们有不少是出自当时驻扎新疆的兵团家庭,而且多数是大专以上管理科系出身,很难把他们与一般来自"偏远地区"企业的刻板印象联系在一起。从冯董事长开始,到S女士,再到美籍零售总经理(前美国著名家具企业莱维家具公司董事长兼首席执行官),他们都有无比的热情与投入,可以感受到他们对创建家居零售品牌的使命感,以及成就事业的决心。

2. 你能在什么方面成为世界最优秀的?

美克·美家掌握世界家具业产品研发趋势,结合美学与艺术的素养以及家具设计、制造的一流能力,通过现代化优质管理体系,为中国消费者创造有品位的家居情境。这样通过垂直整合,经营家居零售品牌的整体素质与综合能力,是竞争品牌在中国很难相匹敌的。美克·美家对产业链两端的整合能力非常重视,从木材原料的取得,到木材的加工制造,再到家具零售,如果整合成功就能赢得更加主动的竞争地位,公司的利润率和发展稳定性也能够得到有效保证。"端对端的价值链整合"应该是美克·美家未来想发展培养的世界级金牌能力。

(四)是什么驱动你的经济引擎?

美克·美家向来注重员工绩效,赏罚分明。我依稀听美克高层提过零售总经理艾德的薪水问题,年薪是美金数十万起跳,当然他也要背负颇重的业绩及培育中高层干部的压力。在2000年创立品牌初期,多数员工都能体认到美克·美家未来的成长性:在与销售相关的工作岗位上,通过业绩的达成拿到较高的待遇,是对员工最直接的经济驱动力;当然还包括因为处于不断展店的发展期,员工在内部爬升的机会相对也较多。

从企业经营角度看,美克·美家在创立零售品牌初期或展店初期,其实进行得不是很顺利,这期间牵扯到颇复杂的各类因素，如建馆与装修、人员来源的供应与培训、申请相关营业执照、零售资讯系统的设置等。因此，整个零售体系每天来客数并不见得多，所以对来客的客单价非常重视，一开始即建立贵宾VIP会员制度，希望培养客户对品牌的终身价值。另外，因为经营的是零售业，在现金流方面，如果单点的经营步入正轨，对企业整体的资产流动性帮助应该很大。

"从优秀到卓越"，这是2006年美克·美家年终大会上，冯董事长演讲的题目。冯董事长是勤于学习的人，相信即使他没看过《从优秀到卓越》这本书，我想从题目本身就可以体会到企业领导人对企业集团发展轨迹的重视，同时也希望通过经营能力的提升，持续改善企业体质，以完成建构集团事业的蓝图。美克·美家从家具制造，到设计，再到家居零售的转型过程，为我们提供了不少具体的示例，较好地体现了《从优秀到卓越》中的物理学原理（吉姆八步）。

（本节由连风彦撰写）

第4节　从纪律文化试谈白象转型的困境

《白象食品终止IPO背后：方便面主业停止增长》，这是2014年8月17日出现在网易财经频道的报道标题。在文章的第一段就这样破题："经过3年时间的漫长等待，方便面巨头之一白象食品最终放弃继续IPO。这背后，一方面是作为其主业的方便面销量几乎停止增长；另一方面，曾被寄予厚望的鲜面食业务还没有走出其大本营郑州，便几乎烧光巨额投资。"这则报道的出现，

第 3 章
定策略（与决策）

相信对一个自国企转民企、近 20 年以来竭尽全力想升级转型的中国中型企业而言，算是不小的打击。因此，让我们尝试根据《从优秀到卓越》的物理学，主要是纪律思维与行动方面来回顾与检视这个肩扛中国模范食品企业使命的白象集团，往卓越之路迈进的转折与坎坷。

白象以"骨面"为产品主轴打响其知名度，并在中国方便面市场占了一席之地。2010 年前后，中国方便面市场的主力以康师傅为首，市占率超过 50%，遥遥领先，而统一、华龙、白象各占 10% 左右①。白象基本上属于依靠三北，尤其是华北，以及三四线城市和农村市场撑腰的方便面品牌。白象那时的 BHAG 是企图在 10 年内成为真正全国性方便面的领导品牌，进而再扩张到其他食品品类，成为实力雄厚的多元化食品集团，以实现 IPO 上市的愿望。当时，白象邀请个人加入，主要是希望在产品品牌的强化与升级以及企业品牌的重新塑造方面能够起到关键性的作用。

在实现 IPO 上市大志的路途上，我算是恰逢其时，目睹了白象在升级转型上的布局。那时的情势可谓大张旗鼓，豪气万千。但在这一过程中却发现几件与自己预期差距颇大、也令人费解的事：

第一，方便面事业群的主要操盘手换人，在攸关企业未来命运的重大决策上，突然转向。

---

① 尼尔森调查机构的数据显示，截至 2010 年 6 月底，康师傅在中国方便面市场的份额为 54.1%，排在后面的华龙、白象与统一市场份额分别为 11.6%、10.9%、7.8%。

□ 变革管理的大桥

方便面事业群总裁换人,接着营销经理也跟着换人。当初在讨论加入白象的过程中,从头到尾仅姚董事长与我个人直接交流,那时觉得白象企业及方便面事业群的主要决策应该是掌握在他手里,所以即使人事上有较大变动,重大策略方向应该不至于有大转弯。没想到就在短短半年间,原先自己所认知的白象未来发展的走向与模样,几乎面目全非。

第二,攸关企业品牌精髓的品牌核心价值已经定调,但并未将白象起源于农业大省的特色①即"差异化的基础"纳入其中。

白象于2009年下半年特地邀请国际知名的L品牌设计公司进行企业品牌建构的整体规划,主要包含品牌策略发展(品牌定位、品牌架构),品牌命名(中英文),品牌视觉识别系统,品牌管理制度规划和品牌沟通策略规划。其中,关于主要的品牌核心价值,在资深品牌主管尚未正式接任前,原则上已经定案。剩下较为主要的工作就剩品牌命名以及标语、商标等视觉识别系统部分。然而,就品牌战略而言,其实这些已经是属于较后端及下一层次的事,其重要性相对较低,原因是企业品牌的视觉识别系统没做好或不够完善不会出致命大事,但是企业品牌核心价值却不能有偏差。

第三,在重塑企业品牌的后续发展过程中,新任总裁基本上不赞成建构企业品牌的工程。

---

① 白象的根据地是河南。河南这个农业大省培育了"双汇",即中国最大的肉类加工企业和全球最大的猪肉加工企业;也培育了在中国家喻户晓的"思念"水饺与"三全"水饺品牌,其小麦粉的产量全中国第一。从食品加工制造的角度看,小麦、猪肉、蔬菜这些都是主要的原料,河南提供白象开发创新食品的丰沃土壤,也给予白象为消费者提供丰盛健康美食的好条件。

新总裁并未参与实际讨论的过程，但在董事长想就反映企业品牌核心价值的标语及新白象商标定案时，他却一直持反面意见，并且也没有提出具体的建议或想法。或许他心里是这样盘算的：现在先做好产品业绩再说，不希望白象拿资源去建设与经营企业品牌，因为这在短期内对事业部的业绩没有具体帮助。

经过几番"拔河"，最终姚董事长裁定因为要重新打造企业品牌，而且希望能提升集团的高度，不希望仅留在方便面上打转，所以决定启用新的商标与标语。但是，在产品品牌方面则尊重方便面事业部的意见：保留现有偏可爱造型的小象，让它继续在产品包装上露脸。然而，方便面事业部却拒绝让企业集团的商标出现在包装上，理由是不想让消费者混淆。直到现在，白象方便面产品包装上还是看不到企业集团的商标。如此一来，就变成企业品牌与产品品牌各行其是，二者没有关联，当然谈不上综效。

第四，企业集团发展战略居然是在企业集团品牌战略发展到中期之后才启动。这是颇令人费解的事，或许在这方面有不能言说的现实考虑。

白象在2010年邀请国际战略咨询公司RB规划企业未来的战略发展。主要考虑是希望在以方便面事业群为核心的基础上，找出支撑集团未来发展的第二根支柱。另一方面，也想在方便面事业上寻找产品升级和新的大幅增长契机。在新事业发展方面，综合事业群的进展是大多往上下游垂直整合，如以面粉为原料的方便性主副食，本节开头提到的，仍然走不出河南的鲜面食业务，就是其一。但也不排除往水平拓展，如进入饮料行业。

综上,白象公司在未来发展的最高指导战略及方向都还未定时就已经初步决定其企业集团品牌核心价值,甚至在集团整体品牌架构策略,如整体品牌阶层的数量、新事业范畴以及新品类的品牌内涵与命名方面,L品牌设计公司就已先拟好推荐选项。然后,同时策划商标与标语的设计与建议提案。但是,万一企业未来的发展方向大转弯时,企业品牌战略难道不需要推倒重来?

第五,关于方便面未来发展战略与新产品的决策过程,事业部说了算。

白象方便面新总裁的初期主要战略方向与姚董事长原先告知的准备往上升级与转型发展的方向,完全背道而驰。在这一过程中,我虽然是项目指导委员会的成员,是包括姚董事长在内的8个核心成员之一,但实际上却成了"观察员",仅列席及被告知定调结果。那时,我所担心的是:如果未来在市场层级发展上选择先往下沉(县政府所在地及乡镇政府所在地),虽然短期内对销售业绩有帮助,但如果不加紧脚步在上一层的地级市及县级市这两级市场力求突破,于局部区域取得绝对优势,一方面阻隔康师傅与统一两大企业在未来最具潜力的这两级市场的发展势头,另一方面稳步培养自己的长期竞争实力,向省会城市进而超级城市进军,那么不需多久,白象在自己的主力战场上面临康师傅与统一两大企业的压力只会越来越大。长此以往,白象完成BHAG大业的道路,可能会越走越艰辛。彼时,我曾在战略方向即将定调时,前去与张董事长确认,但感觉此事已成定局,张董事长基本上已经被事业部"说服"。

分析至此,我们先回过头来简单介绍白象。

第 3 章
定策略（与决策）

1996 年，姚董事长接手的是一个破旧的、仅剩负资产的一条生产线、员工仅 100 人的方便面小加工厂。接手后，企业快速发展。到 2007 年，白象成为一个对外宣称年产量 74.3 亿包，销售额 52 亿元的企业，这样的成就实属不易。2010 年，白象准备从面粉与方便面出发，一方面在产品、价位与渠道等级上升级，另一方面跨界发展新的支柱型事业，往食品集团发展。对于这个准备升级、转型，以至起飞的阶段，我们可以根据《从优秀到卓越》的物理学原则，尤其是在培养纪律化思考（决策模式）与纪律化行为（流程与制度）方面的内容，来作对照与检视。

（一）在专业坚持尤其是纪律性思考方面，白象稍显不足

白象在建立中国人自己的食品企业与品牌方面是坚持不懈、全力以赴的。遇到挫折时，姚董事长也不轻易责怪属下，会就事论事，也会自我反省，这些都值得赞扬与效仿。

但是在重要议题的讨论上，以及对问题本质探讨的深度方面，似乎不是那么彻底。在高管团队之间，并没看到很深入与广泛的探讨，甚至激辩。在"不将问题核心再三澄清不罢休"这件事上，我并没有强烈感觉到白象做到了柯林斯所谓的"纪律性的思考"。

譬如，在与 RB 国际战略咨询公司讨论集团战略发展过程中有两个重大议题：一是关于未来白象方便面的定位与发展走向。在强敌环伺、消费者又对白象品牌没有深刻印象的情况下，白象方便面到底是要走将"大骨营养"进行到底的利基型品牌路线，还是要往各主要口味俱全的综合型品牌发展，甚至是第三条路，其实并未彻底厘清。所以消费者才会在 2010—2011 年看到既推

出由明星陆毅代言、所谓"升级版"的"精炖大骨"（据个人观察，这其实仅是通过"换包装、加点料"进行调价的行为，谈不上新的产品概念）；又推出跟风的"老坛酸菜牛肉面"（这是看到统一企业在这个产品推出成功之后，想借花大钱请明星李宇春代言、分一杯羹的作为）。

二是关于新事业的战略发展方向。白象是在面粉（原料加工）与方便面（副食品）的基础上考虑集团发展。RB战略咨询公司针对各类食品相关行业的规模、获利率、市场竞争态势以及白象竞争能力进行综合评估；同时，针对国内与世界级食品集团的发展过程进行分析与解构，进而对白象的中长期发展进行剖析。我认为，这个中长期战略的选择，还是要回到刺猬原则的三环来审视。而关于白象在哪方面能"达到顶尖水平"（这项要求远远超越"核心竞争力"），以及靠什么来驱动经济引擎（如何有效获取充足的现金与高利润，并且持久保持营运绩效），就我当时的观察而言，白象在这方面的讨论是不足的，甚至是欠缺的。

（二）费心找来数家国际著名顾问公司辅导，但是……

白象从残破的国企方便面工厂发展到2010年时的规模，实属难能可贵，也值得赞赏。同时，白象也深知仅在方便面市场上，他们要甩掉同样出身华北的华龙集团（即今麦郎面品有限公司的前身），然后超越统一的营业额，还有颇长的路要走。况且仅凭当时内部的人力素质，这是颇大的挑战。2010年，白象集团曾下达在5年内达到100亿元、10年内达到500亿元、20年内达到1000亿元人民币营业额规模的大决心（1000亿大概是2009年日本食品企业龙头味之素集团的规模，而康师傅控股在2014年则为 650 亿元左右）。

白象在中国食品业界对民间企业有象征性的作用，且扮演举足轻重的角色。2010 年，白象不惜花费巨额成本，投入时间与精力，遍找国际知名顾问公司来帮忙诊断、规划。如企业品牌建构方面找 Landor（朗涛）品牌设计公司，企业集团发展策略找 RB 国际战略咨询公司，新产品开发找 IB 国际品牌集团，等等。同时也通过猎头公司，积极从外商与知名企业寻找各机能与事业部高阶主管。但是，在整个过程中，我认为有几个关键性的问题未解决：

首先，在发展企业关键战略的步骤与顺序上出现状况。正常情况下，白象应该是先发展企业集团战略，然后发展企业集团品牌战略，再发展方便面新产品开发战略。而上述每个大战略的最终决策（定调），都会影响下一环节的战略取向，并且互相牵动。但在这些关键环节，白象显然是乱了步调。

其次，在企业内部没能形成高阶主管共同遵守的决策讨论模式。当时并未指定具有足够的专业能力的资深幕僚主管带领团队，以确保这三个顾问公司咨询范围与结果的贯穿性与衔接性，并加以吸收与内化。在组织上，白象虽然有战略本部负责进度与内容的掌握与协调，譬如针对 RB 战略咨询公司的方便面战略报告，他们曾进一步进行调研与验证，这个做法是值得肯定的，但最后成功的关键应在于高阶管理层是否借由顾问公司针对议题的引导，经过充分讨论、思考进而取得共识（包括结论及决策形成的过程）。另外，在专业顾问公司提供的报告内皆已包含如何建立后续的管理体系与机制（也就是内化的基础），而这三项重大专案是否彻底施行就视领导者的决心了。

变革管理的大桥

再次,在资源利用上,找这些国际知名顾问公司需要颇大的花费,但是对白象在这个阶段的实质意义与贡献究竟如何?其背后动机是否与准备IPO有关?

最后,先事后人,心不齐,则力不齐。因为上述战略都牵扯到企业集团未来的发展,如果没有找对的人上车,在讨论这些重要战略时,就容易脱轨或产生偏差,而且会让后来才上车的人难有参与感及认同感。为了升级与转型,白象不惜重金找专业人才上车,但感觉其较重视的是个人的专业能力与经历,比较像所谓的先事后人。可惜的是,白象并未足够重视找来的人彼此间是否有共同或相近的企业经营理念与价值观,或者可以融合或互补的人格特质,以及对企业基本价值的认同。

因为存在上述问题,这个阶段的白象有点像是一部拼命在踩油门(张大旗,烧大钱),引擎轰隆作响,却四轮方向不一,步调不齐,停在原地打转的拼装跑车。在整个迈向BHAG的过程中,依照上面的描述与分析,白象有两个致命的缺点:

第一,没能深入理解与掌握刺猬原则。

第二,没能掌握启动转型的必要条件。(具纪律性之训练有素的人才,具纪律性之训练有素的思维,具纪律性之训练有素的行动,三者俱备才能全面形成有纪律的文化)

企业体质如果没有调节到一定的水平与状态,即使下猛药也不见得能有效吸收,有时反而会伤及元气。白象在后续几年即使传出局部性突破的消息,如野山菌/原汁猪骨面、大骨面(附大骨汤包)的推出,在河南的市占率超过康师傅,等等,但实力与能量却一直无法有效大量累积。推动飞轮的动能不足,当然就谈不上具备起飞的条件。

如果我们再拿《从优秀到卓越》第六章"强调纪律的文化"的引言"卓越的企业多半不是因为机会太少而饿死,而是因为机会太多,消化不良而死。真正的挑战不在于如何制造机会,而是在于如何选择机会"来检视,白象后来再进入饮料业(瓶装水、植物蛋白、果汁、茶),除了长白山野生核桃露稍有特色外,基本上走的都是复制路线,似乎只是想借由既有渠道分一杯羹,而很难期待它能有什么作为。其实,选择不对或不适合的机会,也是在耗费企业有限且珍贵的资源与能量。

如今,我离开白象已经多年,记得当初 RB 战略顾问公司关于白象的企业发展策略曾规划 5 年内集团营业额达 100 亿元,10 年内达 500 亿元。而 5 年已过,根据 2015 年整体方便面市场销售额(近 500 亿元)以及白象的市占率(约 8%—9%),① 白象方便面的销售额基本上停留在 40—45 亿元的水平。如果再加上其他面食类及饮料类,集团整体营业额应该不会超过 60 亿元;另外,白象于 2014 年 8 月宣布暂时放弃 IPO 上市,总部迁回郑州,经过这么多努力以及折腾后,到 2015 年为止,白象集团迈向 BHAG 的路似乎仍然处于困境,未能走出迷雾,令人惋惜。我们希望白象能够早日认清残酷的事实,找到刺猬原则,建立具竞争力的纪律性文化,重新振作,再次起飞。

在中国,像这类急欲力争上游、却误以为"找明星专业经理人+大牌国际顾问公司+知名艺人代言来大力推广产品"就是找

---

① 参见《2015 年中国方便面行业"低迷期"的深度调整》,载《中国食品报》2016 年 4 月 27 日。

到了一条通往胜利的路，但到头来竟落得一场空的中小企业的故事，一直在重复上演。我们可以借由《从优秀到卓越》物理学原则的检视与提醒，让更多的企业主与高阶主管对企业升级转型有更清楚的认识，早日找到符合自己"体质"、规格与步调的"天龙八步"（吉姆八步）与团队，通过纪律性的思考，纪律性的行动，并经由专业的咨询与辅导协助企业寻获升级与转型的具体方案，使企业早日实现一跃登天的美梦。

（本节由连风彦撰写）

第5节 SWOT策略高手张良

刘邦是中国历史上践行斯托克代尔悖论的典范。刘邦找对的人上车：张良是金牌策士，利用SWOT分析法作出精准的判断，萧何扮演金牌宰相，月下追回金牌大将军韩信，然后全员展开最后总动员。

一、汉中是刺猬宝地

项羽灭了秦国，杀了子婴，封了18个诸侯王，自号西楚霸王，都彭城，衣锦荣归。在鸿门宴上，项羽因为一时疏失，让刘邦逃过一劫，未能将之斩草除根。这时，在名义上刘邦虽被封为汉中王，属地包含汉中、巴、蜀三郡，但实质上项羽却是想把他流配边疆，让他终老蛮荒。

分析一下刘邦当时所面对的艰难环境：刚从鸿门宴死里逃生，惊魂未定，而且奉命西入汉中。同时，项羽并封章邯为雍王，比邻汉中，专门看守刘邦。刘邦的部队兵员大部分是来自故乡沛县附近的乡亲，听说刘邦被贬至汉中之后，逃的逃，走的走，流失了一大半，濒临溃散，因为这些部队成员上有老，下有小，听说汉中地处蛮荒，是瘴疠之地，此去不但可能有家归不得，而且恐怕连命都难保。当时，当兵打仗无非图个温饱，发点战争财，若机会好，弄个一官半职，或是几亩薄田，赖以维生。如今，前有高山，后有章邯，可谓进不得，退不得，因此作鸟兽散。军队将领面报刘邦，大多认为长此以往军心必垮无疑，因此主张抓到逃兵，依法严办，以维军纪。刘邦认识到了情况的严重性，但他出身寒微，了解人心，因此下令抓到逃兵，好言相劝，愿意留下来的不溯既往，若执意要走，则发给少量盘缠，叮嘱回家途中一路小心。在此山穷水尽之时，张良建议刘邦，力主部队安然通过后，烧毁栈道，以示诚心前往汉中就位，绝无东出之意。

二、张良既深且广的 SWOT 分析，深具洞见

（一）内部优势分析

（1）烧毁栈道，一则表明臣服之心，二则防止项羽反复无常，从后追杀。烧毁后的栈道可成为汉中的护城河，没有后顾之忧。

（2）汉中地区（即现在的湖北省西北部十堰与陕西省西南部安康一带）由于山川阻隔，进出不易，自春秋以来，从未受到战火蹂躏，因此水利设施未受破坏，完好如初；而且连通巴蜀，腹地广大，土地肥沃，良田千亩，自古以来就是盛产谷物之地，粮

食无缺。

（3）汉中地区因未受战火波及，人口众多，兵源充足，赋税充盈。

（4）汉中地区盛产铜铁等矿产，可以满足战争冶炼兵器所需。

（5）汉中地区还有地火（天然气），可提供冶炼兵器的燃料以及三餐的炊火。

（6）汉中地区山高地远，举国可以休养生息，蓄积国力，而韩信可以在此整编部队，练兵布阵，徐图东山再起。

（二）外部情势机会分析

（1）项羽把原先楚国旧地分为四区，自己拥有西边领土，因此称为西楚霸王。霸王并非帝王，而是诸侯王的老大哥。诸侯王是平起平坐的，并无君臣之分，只因项羽军事实力强大，战功彪炳，因此尊为霸王，也就是春秋时代各诸侯会盟之时的盟主。天下无主，没有一套安天下的规矩，时间一久，诸侯相争，天下必乱。

（2）项羽所封的诸侯王都是自己的亲戚朋友、他喜欢的人或是有战功的人，原先六国的王侯与贵族则被请下桌靠边站。这让往昔的权贵阶级心生不满。加上六国人民对原本国家的认同，与这些外来的统治者在文化价值与国家认同上产生根本的矛盾，必然成为之后动乱的根源。

（3）项羽虽在军事上所向无敌，但是每次征伐，杀敌一千，自损八百，战乱虽然得以平息，实力其实也不断流失，外表虽强,内已中干。

(三) 张良SWOT分析后的洞察

(1) 打仗成功的四大因素为兵、器、粮、饷,刘邦四者皆有。

(2) 项羽统治的区域,战乱频繁,民心不稳。彼消我长,项羽由盛而衰,形势于刘邦有利。

(3) 项羽妇人之仁的弱点,在鸿门宴上暴露无遗。明明胜券在握,居然让刘邦得以借尿遁逃生,犯下致命的错误。

(4) 项羽已握有天下,但却不称帝,妄想回到已成明日黄花的春秋时代的天下秩序,证明此人的专长是攻城略地,只是一介武夫,并无谋略可言。

刘邦听了张良的分析以后,在一片混沌之中,拨云见日,重拾信心。他将张良的上述分析告知众臣与军队各成员,大家因此得以恢复士气,欣然就道,前往汉中。也正因为如此地决断,刘邦的部队才得以卧薪尝胆,广积粮,勤练兵,蓄精锐,东山再起。

对照《从优秀到卓越》所言,当刘邦被项羽逼到外人看似绝境之地时,面对这般残酷的事实,张良能洞悉情势,也知道当时汉军急需整军经武,才有可能再起。于是,通过对汉中所处地理优势(隔绝但易守,且资源富饶)的分析,让刘邦知道这其实是汉军休养生息、沉潜练兵的绝佳时机,而刘邦也就将强兵的重责交给韩信,为重回中原争雄作准备。

至此,汉初三公已呈紧密相辅之势,可以一拼而得天下矣。

三、历史经验

（1）刘邦的五级领导，是组织成功的充分条件。

（2）先找到张良做金牌策士，使其通过 SWOT 分析提出洞见与策略；在执行机能方面，还有能运筹的金牌宰相萧何与长于领兵打仗的金牌大将军韩信，这些都是刘邦成王的必要条件。

（本节由谢木山撰写）

第 4 章
带 部 队

> 中国首席执行官管理的最大难题是（部队）对齐。
>
> ——尼尔逊公司 2010 年上海 CEO 论坛

2010 年 10 月，尼尔逊公司（Nielsen Ratings）邀请中国快消品公司 CEO 举行年度论坛，大家的一致性看法是：策略研究只占 CEO 约 10% 的时间与精力，其他 90% 则花在公司人员的（纪律）对齐上，这点最难。

在一个公司带部队，责任大致落在中间干部的执行层以及下一层作业层的基层主管与作业人员身上。对齐有两个方向：一个是项目广度的对外对齐。一个求上进的公司，一定充满好奇心，想知道卓越公司做了哪些项目，有哪些项目我们没有做，所以进步小，输了管理的"竞赛"。另一个是项目深度的平均成绩，代表既有项目对内对齐的水平。

建议中小公司先求既有项目的对内对齐，100% 的深度对齐就是纪律化的理想目标。以此为基础，再求项目广度的扩大。

一个公司除5%的管理决策层外，其余95%都是负责项目管理的管理者与执行作业者，因此，公司的白领阶层100%是项目管理者。

项目管理是白领工作之德，是他的能力表现，他的成绩表现，是他的基本领导力。项目管理做得好，则团队效率高，达到事半功倍的效果。可以说："经理的能力，就看他项目管理的能力"。

第1节　对标卓越公司，学习对齐的三件基本纪律实务

> 今天，在新经济环境下，您必须比处在同一地点（市场）的人走得更快。
>
> ——〔美〕科特勒，现代营销学之父

新经济以顾客为导向。因为典范升级，营销愈来愈取决于资讯，而非销售团队的销售力量。中型企业更需要启动适应性营销（adaptive marketing），新经济的客户关系管理、互联网革命下的基本管理技术的适应与实行、重视顾客价值的品牌建设，是适应性营销的三大主题。

读完《从优秀到卓越》一书，是对标（对比标杆找差距）概念学习的首要功课。理解该书成功的"物理学原则"之后，接下来便是成功地对标"管理工程学"的模仿：导入企业执行转型这

个大工程。

一、中小企业领导要学秦孝公

中小企业有时相当于大型企业的一个事业部,甚至一个事业课而已。大企业不会在每个市场或产品线市占率都是第一名,而很多地方性企业却在局部区域市场率为第一名。一个中小企业要学小巨人打败哥利亚。项羽的巨鹿之战(破釜沉舟),韩信的井径口之战(背水一战),都是"以小击大"的历史性战役,都曾引起毛泽东的研究兴趣。

大型企业的成长过程,是经由多个事业部像堆积木一般堆起来,所以,大企业的管理是做好每一个事业部的自主管理。大型企业资源多,资金经由银行借贷与发债,可以拿到大量便宜的资金,满足成长发展期资本支出之所需。大型企业又因为规模大,可以引入机能全面的系统,以及拥有随之而来的专业知识与人才,用以管理整个体系,同时使成本得到改善,取得规模经济的优势。全世界的潮流一直是强者愈强的飞轮愈转愈快如同磁吸现象。

当今,大型企业通过并购成长的情况愈演愈烈。企业并购会裁减机能相同的行政人员,同时减少购入相同资产的资本支出。运用集中采购、生产线、物流中心及订发货的运筹支出等,在总营收增长的同时,降低固定费用、固定资本支出,增加现金流。这是巴菲特最重视的企业护城河——现金流,有时还包括合并损益后的税务利益。

在公开资本市场,每年每季的财报问责指标是:每股盈余、净资产报酬率、股东净值报酬率等。当年的数值与三年前的目标和预估相比,至少应达到70%—80%的准确率。股东所关切的一切数值都要在掌控之中。

中国有国际外汇盈余,因为中国是全球制造中心,所以赚进巨额的外汇与等值的国内货币流通量。这些资本首先会落脚于房产,之后,在下个20年,这些资本会用于像美国在1950至1980年这30年间所兴起的并购风潮(Merge & Acqusition,即M&A)。其中,推(push)的方面是银行中介银弹促成并购,拉(pull)的方面则是中小型企业经营环境发生改变。在"前有铁板,后有追兵"的困境下,企业主愿意找资本运作与管理高手如巴菲特等来并购,他们则换得现金或理想的现金与股票组合。

这几年,互联网及大数据等高端科技的运用,更加大了领先企业的优势,同时拉大了大企业与同业中小企业的利润差距。合理预估,到2035年这近20年间,中小企业将遭遇更大的生存压力,因此必须寻找快速转型的策略。

中国中小企业的转型升级,很像春秋战国时代秦孝公的处境:他的父亲秦献公在河西大战负伤后死亡,秦孝公深感常年征战后秦国的穷困,假如不变法,最后不只守不住河西,整个秦国都将被魏惠王在反攻时消灭。

变法是一个愿景,要有资源、策略、决心与班底,才能成功。孝公的征贤令使其找到了商鞅,商鞅所提的"强秦九论"打动了一心想要变法的孝公。弱秦要想富国强兵,首先要富农,方法是:废井田采分田给家户男丁,取消贵族世袭领地,只有军功方得授田。农田私有化后,产量大增,国家田赋也跟着大增。平常时期是农民勤于农耕，战时农民则立马变成战士，有军功授田制鼓励从军，不会有逃兵问题，兵源自然充足。

古时的城池就是今天的市场占有率或市场份额。秦军骁勇善战，背后依军功授田是一大诱因。国家富强后，有钱买马、买兵器、买弓箭、买军车，战力当然突飞猛进，所向无敌。

讲述大秦帝国兴衰的名著《帝国的裂变》，应该可以给力争上游的中国中小企业董事长们振奋性的启发。

秦孝公在寻找变法的人选时，知道如果找老宰相甘龙来协助，会因为甘龙的纠葛太多，而导致变法失败。孝公在找到魏国宰相公叔座的家臣商鞅后，才开始实行变法。伯乐识得千里马，千里马也在找伯乐，是什么因素吸引商鞅来秦国展开他个人的赌局呢？

秦孝公的五级领导特质是谦逊、强秦的愿景加上决心，这是让商鞅愿意舍命一拼的第一要素。第二要素是当秦献公河西大战后，商鞅在战场检视秦兵尸体时，发现士兵们居然个个不怕死，每个中箭倒地的，伤口都在胸前！这是秦人勇敢不怕死的铁证，是强兵的重要基因。商鞅大老远奔赴秦国，这局虽然赌注很大，但他看到赢的本钱雄厚。

秦孝公在第一次面试商鞅时，商鞅就提出王道治国；第二次面试时，他改提仁道治国；秦孝公正失望之际，景监安排了第三次面试，商鞅这才端出孝公要的霸道的法家治国方略。商鞅曾经以三个月的时间在秦国作出野调查，摸透了秦国的实际，可能连秦国的大小官员都还没有一个"脚踏秦地"如他这般认真的人。

商鞅知道王道与仁道是国治民安之后天下承平时期的政府所

应该采取的治理方式。眼前的秦国之所以穷与弱有很多要因，要转型有太多地方要改，商鞅怕皇家世子不食人间烟火，不会认真看问题，只想听好听的奉承话，所以先测试一下秦孝公的态度，如果决定采用霸道的法家治国，必定会与旧势力厮杀，是要拼命的。秦孝公这是在下一盘险棋，起手不能回，落子后，就只能拼命向前了。

这两个年轻人"情投意合"，就像很多企业老董事长刚卸任，年轻少主一就大位，便表现出对老董事长辅政班底的不满，于是引进年轻的读书人当CEO，要大搞革命。两位年轻人面对叔叔伯伯辈诸长者及其所属宗派因防卫利益而起大冲突，是必然的结果，这么剧烈的变化是会动摇"国本"的。

其实，不论国家或公司，接班本来就有很大的风险，自古皆然。

中国历史上对商鞅变法的看法呈现两极化：一种说法认为商鞅变法是中国历史上唯一成功的变法，使秦国强盛进而统一中国。商鞅后来虽被秦惠文王处以极刑，但他用法家治国最终让秦国富强，这是得到肯定的。此后，从秦惠文王到秦始皇，全都延续采用法家治国。事实上，环视当今强国，多以立法与执法严格来保护善良的人民，因为以儒家治国，久了容易产生太多乡愿与派系，逐渐腐败政体。另一种说法是，商鞅因为不行仁政，有违天道，最后自取灭亡。各家学说因时空而盛极或衰微，没有定论，看时而已。

我曾多次研读这段历史，极力推荐中国中小企业想变法转型图强时，一定要多方研究秦孝公的角色，弄清楚企业的主观与客

第 4 章
带部队

观条件是否成熟，方式要不要那么激烈。其实，成败除了操之在我外，还要有几分机运。

在《从优秀到卓越》一书中，也有很多"类秦孝公"的卓越领导人故事，如金佰利·克拉克的达尔文·史密斯，沃尔格林的科克·沃尔格林，雅培的乔治·肯恩，纽柯的肯·艾莫森，富国银行的迪克·柯利，房利美的戴维·麦克斯韦，菲利普·莫里斯的乔·库尔曼等。柯林斯写作时都觉得很惊讶：这些卓越的 CEO 哪来那么大的变法转型的勇气与高超的决策智慧，以及坚持的耐力！

我们再回过头来看秦孝公的故事。他刚登上王位时，秦国税收少，国家穷，而且内斗不断，外患不止。他的父母亲与兄长嬴虔，早年被其叔父秦简公篡位而遭流放到陇西。这使他们在关键时刻不仅认同秦孝公推动变法与对抗所有阻力，同时把国家利益置于个人与嬴氏家族利益之上。可以说，"董事局"的变法意识很一致。这是促使变法成功的关键，而这些智慧则可以远溯及他们早年的苦难。

柯林斯研究前述几位杰出 CEO 的智慧来源：可能来自一场大病的折磨而感到个人生命实在短暂，故而激发出追求公司永续生命的改革毅力；可能来自因为逃过如泰坦尼克沉船般的厄运，于是亟思以报恩与超越个人生命的眼光来为公司做贡献；也有原本被视为富不过三代的那种颓废公子哥，独自背负站在悬崖边生死一线的家族责任，怀抱着起死回生、舍我其谁的使命感；也可能是早期曾有辛苦的生活与半工半读完成学业的奋斗历程，让其有"特异"功能处理困难问题，等等。

当今中国中小企业，很多是由众人集资购买当年地方的国企转型而来。假如董事会对未来转型升级案的投票表决结果，不能像秦孝公得到"秦氏董事会"的大力支持并全体一致赞成通过的话，那么启动转型的最大困难与敌人可能来自内部，可以想象前面的路有多坎坷了。

二、中国中小企业升级成功的环境分析

中国大陆地理区域广大，一个企业没法儿像台湾统一企业那般采用"多事业部之多元化"经营模式。多元化是因为台湾市场小，一个事业部很容易在短短几年内就达到饱和的市场占有率与市场渗透率，所以要想不断成长，必须持续开拓事业部，发展事业体。中国的市场比较像美洲大陆型市场，即便一个大公司也只有几个品牌的产品线或产品群，但业务仍要达到全国性普及与渗透，甚至要发展国际品牌市场。

一个中小企业最大的优势是在所在地拥有"主场优势"。

在中国经商，营销管理费用中的运输费很高，若加上人为的"不作为"保护运输实体，运输中实体耗损更大。而在区域主场地缘优势下，若其他条件相同，区域性中小企业可以一战大型企业。

大型企业可能历史悠久，品牌知名度高，年度广告预算大，销售部队渗透到各渠道阶层，因此销售量也大，尤其品牌知名度高，相对售价也高。在制造成本上，大型企业因采购量大而取得较低成本；质量管理体系完善，效率高，相对而言直接制造成本与间接制造成本都较低，所以总的营收和利润总额都表现良好。

因此，中小企业在短期内必须利用地缘性差异资源，筑起本地企业的护城河。在这个基础上，必须寻找"对的人"执行改革的营运措施与方法，针对营运流程中每一个重要的项目1％、2％地设立目标管理并加以改善，经过一段时间累积5至10个改善项目后，就能多挤出10—15％的经营利润率。这样一步一步推动改革的飞轮不断前进。

柯林斯在《从优秀到卓越》第八章谈及企业转型中的飞轮作用时，特别提醒"启动飞轮就是革命"，可见推动的阻力与困难。尤其起步时最困难，往往两三天才能推动飞轮往前挪动一小步。要改革的项目很多，很多人习惯性反对改变，于是表现冷漠，更多人则是观望，不愿意下来帮忙推动飞轮。

对一个中小企业董事长来说，就是要在这种环境下推动改革，如果对照秦孝公变法的环境，你就会有很大的力量鼓舞自己继续前行。知道为何而改，怎么改，自己现在处于哪个位置，未来要到哪里去。

如何避免畏缩不前？就是要坚守核心价值（如诚实苦干），不断创新方法与策略完成BHAG，也就是团队的共同愿景。

每一个大企业都推动过相同的飞轮，走过辛苦的"天堂路"。柯林斯描述说，美国富国银行董事长戴维·麦克斯韦在20世纪70年代初开始变革时，厉行俭朴文化。在董事会会议室中，董事长的椅子外皮破到都已露出内部的棉絮，他仍坚持不换。他说："银行业不是高科技行业，我们富国不需特别聪明的人，我们富国要的是能吃苦、节俭及深信公司价值观的人。"快消品企业也应如此。

中国中小企业董事长们可能担心执行转型改革时班子不够聪明。事实上未来转型成败的关键不在于是否有聪明的人，而是是否有认同与确实执行公司文化价值观的人。

关于这一点，我在台湾统一企业看到了。统一企业的员工不是一流聪明的员工，但他们认同"诚实苦干"的价值观与理念。当年不聪明的员工，经过10—20年都由"苦干"员工变成"能干"员工，全体团队作出台湾一流的组织绩效。50年（1967—2017年）所创造的股东权益成长率，几乎媲美美国巴菲特的波克夏公司。

三、中国中小企业对标与转型要领

2010年我在上海期间，读到联想集团柳传志董事长的管理三要素："建班子，定策略，带部队。"这个中国标语式的口号，很适合培训高管时使用。柳董事长以扼要的三个短语涵盖一个公司高、中、低三个层次管理人员的任务，比西方教科书所传达的更清楚。其实，不管中式或西式，好用（能抓老鼠）才最重要。

不管管理人员在公司是什么阶层，每天日常管理的工作箱（黑箱）就是这三件大事。传统管理类教科书把它分成战略性（决策）与战术性（执行），高阶偏向战略性工作，中低阶偏向作业性工作。

以下是我在多国企业管理实践中所悟到的心得：

（一）从摩托罗拉学到全员项目管理的重要性

我曾受聘担当摩托罗拉台湾区总经理，到任后，必须先到新

加坡的摩托罗拉大学接受三个制式训练,即:

1. 杰出经理人(manager of managers)训练;

2. 大客户销售(key account management)训练;

3. 项目管理与全客户满意(project management and total customers satisfaction,TCS)训练。

先谈项目管理,只有团队的每个人都把项目管理做好了,加总所有成员的团队项目,整个项目管理才能做好。因为项目管理乃由基层的个人做起。

项目管理要求如下:

第一,我不能做错,要控制出错率,这样才能保证品质。(quality)

第二,我不能拖时间,必须依命令如时完成。(speed)

第三,我不能乱花钱,花钱要省,有效率、效能才花,钱要花得值得。(cost)

项目管理做好了,公司外部客户与公司内部客户都会微笑满意。

到新加坡接受英文管理培训的都是高管,回台湾地区后必须转训给所有的团队下属与经销商。一个公司中每个岗位都有能力进行自主管理性的项目管理后,所有流程的品质、时间(时效)与成本费用这三维就会有好的绩效,从而每个员工都能做好 QSC(quality, service, clean)管理。

项目管理的最终目的是让"客户为中心"的理念落实为"客户满意"。否则,如果客户对服务不满意,下次就不会再上门消费。

我曾多次经由浦东或虹桥机场进入上海。在通过海关时,海关工作人员在验证完毕返还证件后,乘客可以在窗口的小机器上为工作人员打分。我特别敬佩这个流程,对我而言,这是一个极具系统性的努力结果。可见,中国在为外国旅客服务方面,以旅客每次往返的满意度评分,检验并推动"以旅客为中心"的服务宗旨。当满意度被量化后,就可以和国外的通关数据作比较,也可以跨业和中国移动的客服中心比较,还可以和某百货公司的客户满意度相比。

我在美国是亚马逊(Amazon)的贵宾会员,它们以客户为中心的服务满意度是全美第一。亚马逊在每一个交易完成后,一定会进行质量的追踪调查与评点。美国第一的电商就是落实每笔交易的项目管理,他们真的用心与细心,所有流程都由系统来作业,真了不起。

Graniterock 公司首席执行官布鲁斯·伍伯特(Bruce Woolpert)允许客户直接由应收账款扣下他不满意的量化金额,柯林斯在《从优秀到卓越》中曾以此故事为例,并将这个机制运用在课堂教学上。当学生有问题时,可以举起"旗"喊停,教授会先听他的问题。这是柯林斯在书中第四章谈"面对残酷事实"时的案例。它的基本理念是,问题发生时立即面对并处理,成本最低,客户的扣款就当作关于市场质量的调研费用吧。

在公司内推动项目管理时,作业流程的下一步是作业承办人检视内部作业质量有无错误,有几个错误,有没有耽误时间,延误了多久,上一个流程的花费有没有超出预算,超了多少,当进行项目总检核时,所有质量、时间、花费都要有量化数字来考评。如果员工考核成绩不佳,就列入"华为"式的末位淘汰人选或送再教育人选名单。一个纪律人,用一套纪律思想,形成全组织的"纪律文化",进而形成一代比一代更巩固的企业基底。这是《从优秀到卓越》第六章所说的训练有素的纪律文化形成的过程,中小型企业不需特别花费,大多可以同步进行套用。

(二)利润中心制度与滚动损益两平自主管理

台湾地区的台南纺织集团由侯雨利先生到吴修齐先生再到高清愿先生,都实行总经理制,所有权与经营权分得很彻底,几代以来,台南纺织体系的总经理都沿用10%年终分红制度。

吴修齐先生在侯雨利先生旗下当"打工皇帝",累积到了几桶金;高清愿先生与郑高辉先生这一代,在台南纺织与统一企业当"打工皇帝"时,通过踏实肯干作出优秀成绩,赚取到作为总经理的特殊红利酬劳。

我在统一企业一起和高清愿总经理出差时,曾经请教他:"统一可能实施类似国外的公司股票选择权制度吗?"他回答:"不会。"意思是,要股票得自行到股票市场去买。这时,统一企业和美国通用食品公司正全面展开合资入股的实地审查,统一的人事制度在台南纺织集团中算是独立的,但还是要考虑这样一个论起辈分来算是"孙"辈公司所应注意的礼节,动作不能太"前卫"。

中国中小企业主一定要打破一个迷思:利润中心制、股票选择权、高管分红特殊计划等名堂,都是大公司或上市公司才能做的事,我们公司小,很难这样做。事实的本质是:中小企业董事会想不想合理激励高管与员工?想不想公平分配经营成果?上市公司做的只不过是把这些想法透明与制度化而已,它并不复杂。

柳传志董事长在管理三要素的演说中，说明了联想的特色是拥有认股权证。联想是中国香港上市公司，港交所规定可以拿资本的10%来做认股权证。同样地，华为公司也在《华为基本法》中说明了高管与员工股票选择权的入股办法。

中国中小企业大多数还未能上市，我建议这些企业辛苦的老板们要有抢人与留人的底线，至少应实施透明的事业部（或事业课）制度与以利润为中心的财务管理制度。借由利润中心问责制度与利润合理分派的透明性，吸引更多优秀的人，结合新旧人马，共同推动BHAG的实行。

柯林斯在《从优秀到卓越》第五章中谈到金佰利·克拉克和波音公司转型的BHAG例子。我则看到中国历史中，刘邦也有灭秦统一天下的BHAG，而项羽只有灭秦并封十八路诸侯国的小计划。刘邦的BHAG成功地吸引了张良、陈平、韩信与旧臣萧何等，虽然在鸿门宴前后几次几乎被灭亡，但团队仍然奋力拼搏，进而反败为胜。项羽在楚汉相争中前70局全胜，只有第71局一败，竟然乌江自刎，结束英雄的一生。你是要当胜者为王的刘邦，还是要当终败仅留霸王别姬英雄事迹的项羽？

刘邦是一个赌徒，本来就一无所有，所以面对韩信开的条件，张良要刘邦先不生气，只管放亮点，同意后再说。中小企业老板在找到"韩信们"这样的人才时，要先给亮点，不要等他们开口要。联想与华为都知道这些"韩信们"要拼的是什么，不等他们开口要就把条件先列出来，真的很能打动"韩信们"的心，这样主仆双赢，皆大欢喜。

刺猬原则三环交叉中右下的圆，代表拥有足够的经济诱因，中小企老板要能给，但也要测知这些人值得给，拥有像韩信"无一败仗大将军"的金牌本事。

做老板的当然知道，他们给了什么，该换什么回来。中国那么大，以 250 万人的区域设一个营业所，总共约要管理 500 个营业所。要有实质的利润中心管理，必须推动利润中心以损益两平技术（break even point analysis）结合营业所财务、会计、业务与企划四方人员，每月进行营业所业务财务联合品管圈（quality control circle，即 QCC）的稽核。

若公司规模小，则可以自行设定多少人口是一个营业所的营业区，但管理方法相同。

我在旺旺集团时，先选择西安分公司与西北大区做营业所的业务财务联合 QCC，每月进行检讨活动的试点作业。我在给西安分公司的学员讲解完"损益两平"的概念后，出了一道"开羊肉泡馍店"损益两平的计算演练题目，即：假如哪一天不想继续待在公司了，打算出去创业开个羊肉泡馍店，在什么地点开？租金多少？要雇几个人？工资怎么定？每个月希望赚多少？附近一碗泡馍卖多少钱？我自己要定多少钱一碗？这些小店经营者脑中想的数字，怎么算才知道一天要卖多少碗？一周工作几天？每天要营业多少个小时才可以至少不赔钱？学员们兴致很高，因为题目很切合实际，哪天真要开店，还真得会算而且要算得很准，甚至更希望开连锁店，赚大钱。

这个题目让他们了解了经销商的一本账，当他们关心经销商的损益，同时可以协助改善损益状况时，经销商可以感受到进步的氛围。分公司的总监自己可以用这种制式分析方法，贯穿整个陕西省与所管理的10个营业所，单由管理系统的改善就可以增加3%—5%的利润。然后，我们组训财务长，让各地主管学习如何担任推动营业所"业务财务联合QCC"的讲师，以一年时间完成全国各地有关这个作业方法与领域知识的培训、演练与带教。

我还发现一个重要现象，即财务人员在QCC活动中能够更了解业务人员，业务人员也更尊敬财务人员，QCC活动使得这个小团队的结合更为紧密。这是一个以利润为中心的作业纪律化的过程与技术。柯林斯认为，一个公司很多管理制度与办法要纪律化，其中一项就是要经由这些流程去执行。可以想象：整个纪律规定都要"对齐划一"，是一个多大多久的工程。

我归纳了这种纪律化所具有的好处：

（1）使他们知道分公司与营业所的"损益两平"营收有多少，知道多少营收、多少毛利可以有多少奖金。

（2）使他们知道怎么去管理销售组合，以取得最好的总毛利与总毛利率，对产品线毛利与销售量要如何计划才会有更深的体认。

（3）使他们知道如何作业并修正可以降低行销成本。如边远地区如何整合出订购周期，从而整车出货，取代随订随出之小货量出货的高运费支出。运费管理与订出货运筹是利润的关键，稍加管理就可立即改善。

（4）使一个省区设新营业所的评估更精准，能掌握设立时间与成本。

（5）可以看到分公司人员感到自己"当家"与管理知识进步的喜悦。所谓纪律化，初期是在纪律框架下的"有为"，但是这一切都是为了纪律化后的"无为"。公司一旦纪律化一项,就是飞轮又转一大圈往前进了。

(6) 实施利润中心是迟早要进行的重要纪律化制度。中小企业要提早修订会计制度与电子数据处理系统。营业额愈大时更换愈辛苦,因为出错的可能性愈大,人员承受压力的风险也愈大。

柯林斯在《从优秀到卓越》第九章结尾时,举了一个越野队业余教练改变传统越野赛的练习方法的例子。这位教练在5公里半马赛中的约第3.2公里开始,计算到终点为止,选手超越几个人就给几个骷髅头珠子做奖励。方法一改变,便一改越野团队自我练习的步调,每个队员自己整合体能,在约3.2公里后才开始冲刺,比赛名次一路往前攀升,终于在5年后得到州赛冠军。

营业所的财务与业务、企划三方每月纪律化 QCC 活动的检讨会,就是这个教练的方法,值得试试。

(三) 个人金牌推销技巧纪律化

世界上最重视业务代表之个人业务训练的是药品公司。他们的客户是医院的医生,专业知识水平高,同时修养也较高,更是买货很挑剔的一群客户。业务代表销售的又是专业的药品,所以大药厂的基本要求是,须配备药剂师执照,才能当业务代表,进入公司后再进行专业的推销训练。

一般的推销训练分以下几个步骤:

(1) 访问前准备。

(2) 拟一个受欢迎的开场白。

(3) 按照 FAB 法则(F 即 feature,特点,区别于竞争对手的地方;A 即 advantage,作用,比竞争对手好的方面;B 即 bene-

fit，益处，给客户带来的利益）进行专业推销说明。

（4）客户意见的处理，再进阶为FAB专业推销说明。

（5）拜访收尾与缔结合约。

一般的快消品公司很少对业务员进行很深入的推销训练，因为所销售的是很标准化的商品，差异度小。但是每家公司每年每季的业务活动不同，业务代表要很准确地传达计划的特点与店面利益给经销商与零售大卖场。从营业额之大与竞争环境而言，这些业务员的工作不再只是拿订单、安排出货、保障货款安全等。这是运筹方面的作业。一个快消品业务代表若受过推销专业训练，所产生的效益就是纪律化的业务说明，否则业务代表各凭本事做说明，将造成说明内容差异大，缺少一致性、逻辑性。很多快消品公司都知道美国药品公司的业务高管有好的训练背景，因此多从美国药品公司挖角，来给自己的业务团队进行专业训练，作为衔接转型业务改革的第一步，以培训更多公司内基础业务代表"小老师""小教练"。这些人未来将扮演步兵团的排长或连长角色，训练"流水的步兵"。

中国中小企业的兵流动得很快，全中国的企业都有这样的问题。有的老板长期几代业务更换下来，在深受挫折后，几乎放弃先对"兵"进行应有的基本训练，就放他们上战场，这会造成更严重的恶性循环。业务代表未"武装"好就上战场，阵亡率会较高，铁打的营盘之"流动均衡"受到负面影响后，基层的排长、连长都会因"失序"而最后选择逃跑，基层业务自然愈来愈弱。

推销训练基本上就是"纪律化的说话"，最后形成公司定型的纪律文化之一。

第 4 章
带部队

我的第一个工作是在中国台湾礼来公司农药部门做市调主任，一年后调任企划副理。在这家公司服务的三年中，我领教了全球金牌药厂的金牌推销技巧以及员工纪律化的重要性。这个近百年的药厂就是靠研发与专业推销造就其卓越的地位。

离开礼来后，我进入统一企业企划部推广课担任课长，掌管全统一企业直营营业所的营运工作，后再转任乳品部副理。我深感专业训练的重要性，于是特别请我在礼来时的领导郑庆龙先生把全套训练内容搬来乳品部，训练当时号称统一企业最精锐的部队。在统一企业，除乳品部外，只有饲料部接受过这套专业训练，因为统一企业饲料部是台湾礼来公司的饲料添加药品大客户，请美国药品公司为业务代表提供业务训练的目的是增加统一的饲料销售，同时带动上游从礼来购入药品的数量与礼来的市占率。

乳品部是统一企业消费食品事业部经理最重要的培训平台，2000年后，该平台为统一提供了一半以上的事业部总经理。乳品部比其他事业部有更高的技术与服务能力上的要求，同时，也相对地提供大量严格的专业训练。礼来同仁的业务专业基础训练是每期一周即五天，统一缩短成三天，但也提供长远的训练价值思考，以及纪律化业务训练的创造差异性体认。二三十年后，可以在事业部的后七八代人身上发现显著的差异效果。这就是纪律化的魅力。

我曾调集在上海、江苏及附近地区的直渠专员与主任约50人，周末做一天的短期训练，专做专业推销说明（运用FAB法则）这个关键单元。我要求学员自己比较培训之前与之后的成绩，对同一主题的推销说明有哪些进步。

我们演练的主题是公司专员小伙子第一次见准上海丈母娘时，如何做自己的推销说明。当天，上海丈母娘刚好有一桌麻将牌友加入"拷问团"，这些拷问团成员都是上海妈妈，问的问题都是很难应答的。

未经过专业的业务训练，即使一个企管硕士也无法扮演好专业的推销角色，原因是：

（1）企管硕士一般看不起业务代表，他们通常对基层业务生涯有误解，态度错误，不愿吃苦。

（2）学校并没有教企管硕士专业推销方法，这部分是由公司培训的。

（3）企管硕士认为行销与管理才是学问，推销不是学问，人人都会。

（4）企管硕士不明白，没有业务基础，行销理论只是建立在沙滩上的空架子。

（5）企管硕士必须在毕业后一至两年内做到业务代表的导师，才能当得起产品经理小队的领导人。

（6）反过来说，选择态度好的业务代表与绩优者，再送去商学院进行 MBA 培训，是比较实用的途径。

（7）在新经济、新零售的 C2B 时代下，要重新设计 MBA 培训的教育结构。C2B 时代，渠道与消费行为发生巨变，其转型须以团队学习 C2B 专业知识来因应之。

专业的推销程序训练就是"入模子"，即先把要做推销说明的纪律化思想加以对齐，那么，在出去拜访客户做推销说明时，做法就大致对齐了。最后，当公司所有人的推销说明都做得很好时，就是人对齐了。

消费性商品行销不是高科技，业务代表不用太聪明，最重要的是把中心工作做好。有好的现场业务实战经验，自然会产生好的行销策略与广告概念。很多业务出身的大老板本身就是杰出的行销人。

最好的广告词就是好的FAB推销词，能让顾客动心购买。广告就是30秒的专业FAB表达，所以推销专业训练能帮助你"定位"消费者所需要的利益，这是由定位作业延伸到广告最重要的工程。

四、总结

中国中小企业转型发展要做的工作很多，很多人提出过很多策略。从上市实务经验中，我建议第一阶段要能看到小绩效，就像柯林斯在《从优秀到卓越》第八章"飞轮作用"中所谈，要能看到成效才能振奋人心，再号召更多人投入，让站着观望迟疑的人下来参加。因此，第一阶段最重要与紧急的事项是：全员完成基本的项目管理训练，使人人能自主性动员，做好全公司的项目管理。各阶层都知道做对的事，同时把事情做对。公司的总错误减少了，完成项目的时间缩短了，总成本自然省下不少。这样，还会使人员精简或业务成长，进而减少浪费，使营业利润增加，公司总体"人均利润"上升，这是重要管理指标的进步。同时，项目管理带动自主管理，可以减少官僚层级。

推动利润中心制的事业部与营业所的自主管理与责任会计运作，使中小企业有"拼上市"的BHAG，就是柯林斯书中第五章所谈到的"三环":团队热情、金牌技术与满意的经济诱因。联想与华为的认股权证与高管分红制度,是它们由小到中再到大型企业的核心隐性力量。

商业是一连串的交易,交易的买方主要在问"给我什么好处",并且比较谁给我的好处是我现在最需要的。当一个消费性用品公司有能力精确掌握外在目标消费者所要的好处(利益点)时,他就是赢家。知道消费者所要的好处,就是"读到"消费者的心,推销专业训练就是读心术的训练,让产品经理与业务体系作业人员具有高效率读心技能。如此一来,在公司内部,产品经理与业务团队更能带动受到高度激励的平行机能单位:财务、生产、人资、运筹、法务、研发等团队为同一目标而努力,"气出一孔"地创造飞轮的首段绩效。

在中国,中小企业要投资一个新产品线与新事业部,不是一件简单的事。对很多中小企业来说,加一个SKU(产品标准存货单位)是一件简单平常的事,但若是加一个新产品线就不同了,必须市场产业调研面、行销计划面、财务工程面总和分析投报率以及有无足够资本预算与现金流。巴菲特最重视现金流,就是运用现金转换周期(cash conversion cycle),即企业在经营中从付出现金到收到现金所需的平均时间。一个失败的商品长久躺在零售店货架上,或是躺在工厂出不去,又或是出去后被逐回仓库,这些都会消耗原有的利润。

第一阶段分三步走,是希望现有旧产品在旧市场中,经由改善"管理工程"增加人均利润,培养企业由"始"到"壮"的本钱。

	原产品（服务）	新产品（服务）
原市场	市场渗透：通过广告、降价、促销或强化顾客关系等方式成长	产品（服务）发展：通过异业联盟、产品升级、产品改良或更细的市场细分成长
新市场	市场发展：可通过产品或服务的重新定位成长	多元化：发展新产品满足新市场的需求，又可分为水平、垂直、横跨三种多元化方式

横轴：是否有能力从原产品跨入新产品
纵轴：是否有机会从原市场进入新市场

图 4-1 安索夫成长矩阵

翻一翻《易经》中的"泰卦"，中小企业把下卦三个爻都变强的阳爻，就成泰卦，公司就踏上"壮"的坦途。

策略管理之父安索夫于 1957 年提出了安索夫矩阵（Ansoff matri），即以产品和市场作为两大基本面向，区别出四种产品/市场组合和相对应的营销策略，是应用最广泛的营销分析工具之一，可以帮助企业在进行企业战略选择时作出明智、适当的选择。

第 2 节 全面客户满意范例——中国台湾 7-11 的高效物流纪律

> 全面质量管理（TQM）是全面客户满意（TCS）与顾客价值创造之关键。
> ——〔美〕科特勒，现代营销学之父

□ 变革管理的大桥

一、前言

支撑 7-11 快速发展的重要因素是有一个强大的后方物流支援系统,即捷盟行销股份有限公司。

捷盟优秀的管理品质,曾吸引台湾家乐福争取其外包合约,由此大致可以肯定捷盟的品质水平。捷盟是一家完全作业性公司。徐重仁董事长找来同是日本商学硕士的黄惠焕先生任总经理。黄总主攻工业工程、项目管理、流程管理。这呼应了《从优秀到卓越》第三章的理念,即找金牌人就有金牌事功。

二、说明

7-11 创立初期,借在日本的经验,深知分店达到一定的规模时,物流系统的支持就会成为一个非常重要的支撑因素,因此与日商菱食商社合资成立捷盟行销公司（RSI）,负责 7-11 的常温物流配送支持服务。2015 年,7-11 营收约 70 亿美元（约 460 亿元人民币）。

一开始,捷盟的定位就非常清楚：零售业的支持服务公司,而且完全落实了全面客户满意（TCS）的三项标准：质量（quality）、速度（speed）、成本（cost）,为了落实这些标准,捷盟采取以下作业方式：

（一）夜间配送服务

夜间配送可以减少遇到交通堵塞的情况,因此可以节省时间,提升配送的效率,同时减少堵车的油耗与引擎的耗损,并减少碳排放量，达到环保效果。尤其是夜间时段客人较少，不会影响门市生意与服务质量。

（二）商品配送时，分整箱送货与捷盟物流篮两种方式

整箱商品如麦香红茶、统一方便面等以整箱方式配送；而糖果、饼干、保养品等，无法一次订购整箱的商品，则集中装在一个塑料材质的物流篮一起配送。

（三）商品配送到店后，门市人员点收时，只点收整箱商品的数量以及物流篮的数量

若正确无误则马上签收，捷盟的物流车辆又立马开往下一家店配送。如此一来，既可以将车辆停留的时间降到最低，又可以提升车辆的稼动力以及人员的生产力和配送效率，最重要的是不会干扰门市人员的正常作业，因而得以提升门市服务质量。

（四）门市人员可立刻将商品与物流篮送进储藏室，等时间方便时再进行详细盘点

若品项及数量有出入，则向负责窗口反映。一般而言，出入均十分有限，届时捷盟会承担责任。若误差的数量或金额太庞大，或是某一家门市发生错误的频率太高，或某一条配送路线发生的错误太多，则总部会派专人前往了解，并且提供改善方案。

（五）可以根据统计数字品质检查表，进行品质检查

若有错误，比率是多少？所送的客户有几家？配送的金额是多少？配送所需的时间与油耗是多少？车辆保养的时间与金额是多少？然后将上述数据与标准数据在同一配送单位作比较，分前段班、中段班、后段班，分别给予奖励、辅导、汰换。也可以做

北区、中区、南区、高区的比较，让各区彼此学习，相互激励。

（六）捷盟是最先把配送人员名字挂在每辆配送汽车的牌照附近并附上申诉电话的公司

这一则表明公司负责任的态度。若司机违反交通法则，欢迎道路使用人投诉，同时也让从业司机有所警惕，务必遵守交通规则，共同维护公司信誉。这在当时台湾的物流业是一大创新，大大提升了7-11的展店速度以及物流品质与竞争力。

时至今日，7-11的龙头地位屹立不倒，捷盟的贡献实在功不可没。而捷盟把客户满意度的精神贯彻到位，作为一个成功的案例，捷盟此举体现了客户满意度的重要性、普遍性与实用性。

后来，随着7-11店面不断增加，以及为了提升服务与确保商品品质，有一些重要商店（营业额大的商店或标杆店）实施每日二次配送服务。另外，有些不是24小时营业的门市（如学校或车站附近的商店），则实行以晚上为主、白天为辅双轨并行的配送形式。

三、总结

（一）客户端

一是对门市客户来说，由于夜间客人较少，配送到货时，不致干扰门市人员的作业。

二是由于使用物流篮，收货时一目了然，数量不会出错。

三是只签收不验收，等到有空时，再详细盘点物流篮内的品项及数量，节省了下货与交接时间。

四是若其中有出入，捷盟愿意承担损失，此举让门市放心，自然愿意全力配合。

五是物流方面较高的性价比，让门市老板觉得物超所值。

（二）捷盟端

一是采取上述创新模式，节省了作业时间，提升了配送速度与效率，降低了油耗成本，提升了汽车稼动力与人员生产力。

二是通过捷盟与门市共同合作，降低了配送的错误率。

三是增加了捷盟的获利。

四是协助提升 7-11 的竞争力，巩固其龙头地位。

（三）合作双赢的典范

由于一开始就了解门市的需求，因此实施符合门市作业方式的物流体系，建立彼此的信心，双方合作无间，共同建立 7-11 的护城河。

（本节由谢木山撰写）

第 3 节 对标卓越公司，学习对齐的进阶管理实务

> 未来并不遥远，它（新经济）已经来临。然而，它的命运在不同公司、行业和国家却大相径庭。
> ——〔美〕科特勒，现代营销学之父

本节论述的是中国中小企业转型发展的第二与第三阶段。

一、前言

在本章第一节中,我们设定了第一阶段的三大基础工程:

第一,全员项目管理拉动自主管理的流程效率。

第二,采取事业部与营业所利润中心制度,集合企划、财务与业务部门,推动每月定期损益两平业务品管圈活动,推动员工自主解决问题。

第三,按照FAB法则,推动专业推销训练,读懂消费者的需要,感动消费者。FAB同时也是未来更成熟的品牌管理技术。由市场细分(market segmentation)入手,切成几块蛋糕,选定特定细分目标进攻,即选定要吃的那一块蛋糕。然后,做好组织定位与架构,确定所要竞争或取代的对手是谁,是什么让消费者动心与变心"爱"我们(品牌),改买我们的好处(或利益)是什么,等等。

就像全球依经济发展程度分为三级(未开发、开发中与已开发)一样,中小企业可以谦虚地将自己定位在未开发或开发初期阶段。2009年,美国哈佛大学学者加里·哈默尔研究1960—2006年近50年间,商业是如何由传统经由创新管理演变到今天,他归纳有12项管理工具或技术在创新后被大量实施(管理1.0)。今天,这已是商学院里很普通的管理技术了。

一般小公司管理复杂度小,所以需求项目较少,深度也较浅,而大的公司可能已全都使用过这些管理技术,就像加里·哈默尔所说,有些大公司已处在一个停止前进的平台上,于是,加里·哈默尔给他们开了一个25项需要再进步的项目列表,称为登月计划（Moon Shoot Management），被定义为管理 2.0。

二、加里·哈默尔的 12 项成熟管理技术的应用，以管理 1.0 的技术来检验公司发展阶段与潜力

（一）科学管理

科学管理由美国泰勒（F. W. Taylor）提出。今天，已发展到工业 4.0、管理 4.0 时代，但一般中小企业不用谈这么远，应先谈 5S，即整理（seiri）、整顿（seitou）、清扫（seiso）、清洁（seiketsu）、素养（seitsuke）；再谈引入 TQM、QCC、SQC、鱼骨图分析法、6-Sigma 质量标准、MRP、ISO 9001、ISO 1400 等。

举例来说，中国台湾统一企业在 20 世纪 80 年代经由顾问引进日本的全面质量管理（TQM），我第一次看到高清愿总经理带队，将全部高管关起来上课三整天，这是空前绝后的事。生产管理是很具科学性的，统一企业的生产与研发人员学历很高，成功大学工学院毕业的掌工程，中兴大学农学院毕业的掌研发，他们的待遇要比业务人员好。

想一想柯林斯所说的"先人后事"，这个故事给中国中小企业提供了很好的参考。在中国，生产管理水平达到"天一级"的不多，有很多是"地一级"的，要转型的话，这"先人后事"是必要的基础工程。

（二）成本会计与差异分析

现代的制造业会计已进步到成本会计与标准成本阶段。中国现在是全球制造中心，是代工 OEM（original equipment manufacture）王国，品牌下单的原厂事前已算好标准的制造工序流程、用料种类与数量、直接人工、工时、单元成本、间接可摊提制造费用，加总后即为代工费用。

未来中小企业可能为连锁大卖场代工，或为外国品牌代工。代工的好处是微薄加工利润可以协助分摊折旧与间接管理费用，减少现有产品线与产品市场之损益两平点的营业额。

要和代工原厂达成合约，必须做到第一项生产管理在访场检查中能够及格。代工毛利很小，并没有30％—40％的毛利，但量大，资本周转率高，每次资本周转赚1％—2％，年度资本回收就有12％—24％，这是鸿海赚"蓝海"钱的方法。

(三) 商业（与工业）研究实验室

工业研究集中在工业4.0的自动化、人工智能、物联网（IOT，internet of things）等方面，如苹果手机的自动生产线。美国为了增加国内就业与提高国内生产总值，要求苹果把生产线逐年移回美国，以更高生产效能抵减劳工成本与工会对抗问题。近期谷歌（Google）的无人车开发，也是一项大的研究计划。

商业研究多集中在电商对传统渠道与大卖场的影响、中国地理性代理商之衰亡预测与对策、无线广域数据与定位功能的运筹管理、内控督导的新运用开发、智能手机的运用开发、中国购并潮冲击下的快消品产业、食安管理与安检升级等方面。

营销3.0、4.0倾向于在更多营销中加入环保、人文关怀与慈善救济、非营利组织管理等，这些离中小企业远了些，让产业"大哥们"先去做。

渠道在中国近十年来发生了剧烈变化；全经销渠道1.0已成历史，现在已发展为全经销渠道2.0、O2O以及直销渠道与经销混合渠道组合 3.0。渠道的剧变再度给中小企业带来生存压力，因为没有渠道就没有销售。

（四）投资回报率分析与资本预算

华尔街的资本大多进入大型企业，未来中国也是资本输出国，有很多投资银行、创投基金等，它们要求能够控制投资风险。上市大型企业必须盯紧一季、半年、一年期的财报预测、差异分析等。中小企业在一段时间有更多专业法人投资时，必须面对以投资分析与资本预算为中心的投资人关系的互动，才能让投资法人满意。这些法人基本上都是本领域专家，很多都达到教授级水平，中小企业要提早准备。

中国中小企业展开中型先并小型企业后，中型企业再并同级中型企业，并购的精算基本就是资本预算与投资回报率分析。

（五）品牌管理（brand management）

这里以美国卓越公司之一菲利普·莫里斯香烟公司为例，它在 1985 年并购了通用食品（General Foods）公司，就是知名的麦斯威尔咖啡、Oscar Meyer 火腿肉品、Enterman 面包、POST 早餐谷类包装食品等的生产厂商。1987 年，菲利普·莫里斯又并购了卡夫，把通用食品公司并入卡夫后，通用食品公司就不存在了。通用食品公司于 1891 年成立，也是一路经并购成长起来。

柯林斯在《从优秀到卓越》第八章中，特别提醒想靠并购而推动成长飞轮的公司，要避免像菲里普·莫里斯的对照组雷诺烟草公司那样做了很多并购失败的个案。

并购后生存下来的有价值的是品牌。中国中小企业开始转型是以上市为 BHAG，实际管理实务与作业要以品牌管理为中心，只有这个最有价值。其次是要有好的管理团队与诚实的信誉。中型以上的公司实质上是很多品牌事业部堆栈经营起来的成果。

整理好业务团队后，就要启动品牌管理。中小企业老板可以先从广告公司找对的人进来，接替老板慢慢主管正统的品牌管理。不要认为某大企业的业务高管就是能主管品牌管理的人，这种概率不高。业务是处理现在与过去一段时间以内部为主的事，品牌是处理未来，处理消费者的心，以及针对竞争者的战略解读。

不要把韩信（业务高手）当张良来用。韩信虽读过兵书，在一定范围内韩信也有战役的策略知识，但是要想"成王"，就要由一流的张良来总体策划品牌，打下江山。

中小企业老板在过去 20—30 年中，总是自己身兼数职，又是张良，又是韩信，又是兼总管行政大臣的萧何，现在则开始要建立可"上市"的班子了。在确实"认识自己"后，就要决定第一波放权的机能与管理范围。

（六）（大型）项目管理

大型企业有多厂址、多事业部、多开发案、盖新厂、修旧厂翻新设备、多物流仓储中心等特点。因为很多项目同时起动，有大资本投入，所以要用大型项目管理如计划评审技术（PERT）、CPM 方法，对中心控制过程中的质量、进度、实际花费与预算进行比较、分析、改善等。

其实，不必动用 PERT 和项目管理方法，通过一些软件如微软的项目管理软件（project 软件），就可以做很多涉及很大金额的项目管理。我带产品经理或品牌经理时,要求他们一定要学会熟练使用project软件,用该软件报告项目与检讨项目。即使工厂的厂长、副厂长也一定要学习使用project软件,因为它很简单实用,可以减少疏漏。事实上,很多行政人员都是project软件使用高手,它已经是很普及的一般性工具了。

(七)事业部制化(divisionalization)

一般来说,大家习惯营利单位事业部制化。事业部制化后,每个月可单独计算部门的收入与费用,制定未摊提费用前的损益表。有的大企业更是将各部门的资产与负债加以切割后,再给予各事业部单独的资产负债表,即完整的投资中心的责任会计制,就是柯林斯所推崇的雅培的好纪律文化之一。

美国大型企业几乎都采取责任中心形式,这与只有损益中心和更进阶的投资中心有什么不同?我曾用下面这个表格向一位大老板解释其中的关键:

表4-1 各评估方法比较

	营业所甲	营业所乙
月损益净利	1000	1200
提拔奖金(10%)	100	120
动用净资产	1500	2000
净资产回报率	6.67%	6.0%

(单位:万元)

从上表来看:

(1)纯以损益评估,则营业所乙优于甲。

(2)改以净资产回报率评估,则营业所甲优于乙。

（3）结论完全相反。若会计制度能支持，我建议使用净资产回报率的投资中心管理方法。

中国台湾统一企业使用的是损益中心方式。摩托罗拉与神脑则都采用净资产回报率，它的好处是每个人都会精打细算如何节省资本化支出，不会乱买设备，因为常有很多买进来的设备后来并未打开使用。企业会努力降低原料水位与成品水位，使在途与在库库存之间取得最佳平衡，这是企业资源计划（ERP）、制造资源计划（MRP）软件要做的事，没有软件时，BU高管必须学会用笔也会算。

美国很多新创企业都由车库开始，就是为了减少初期办公室固定费用支出；办公用计算机与办公设备可买二手货，就是为了减少固定资产支出。中小企业少花一块钱就是多赚一块钱，或是损益两平营业额可降低10元。这是由纪律方法养成纪律性的好文化。

（八）提高领导力

《从优秀到卓越》整本书都在讲领导人要有的自身修养，即谦逊与意志坚定，进而成就大的事业。当领导人不计私利，不计较别人抢功劳时，他便可以成就任何事情。领导人要耳聪目明，能听能看，能根据残酷的事实判断威胁与机会；同时要学会运用斯托克代尔悖论，具有坚持奋斗精神。

中国古籍上谈封建制度下的领导，其实成功领导的学问是一样的。毛泽东广读古书，他将《资治通鉴》读了17遍，因此中小企业老板一样可以从历史故事中学到很多领导方法。

除了柯林斯强调的五级领导外，"事业一定要成功"不能停留在喊口号、说大话阶段，刺猬原则与三环交叉理论一定要落实。

（九）行业联合，策略联盟

这方面台湾地区最成功的例子是所有黄豆油进口商与黄豆油品牌厂商的策略联盟。第一阶段是联合进行黄豆的国际采购，虽然实际上是三个小团体，但联合采购比单独一家时采购量多，可以省下很多钱，可请期货专家操盘，错误概率降到最低，损失自然减少。

第二阶段是联合投资黄豆油加工厂。原厂规模小，设备过于陈旧，处于废弃状态，以后各家靠品牌经营与渠道布建、市场定位来决胜负。

中国中小企业要仔细考虑策略联盟能长期合作的因素，中国的市场是割喉战，割断喉才算成，在完全竞争的市场环境下不割也不行。当区域市场由完全竞争走回寡头时，如何进行策略联盟就是一门艺术了。

（十）彻底分权

事业部总经理制以及投资中心责任制是彻底的分权。彻底分权的"无为"是有纪律人、纪律思想与纪律管理行为做框架的"无为"，是"有为"下的"无为"，是各分权单位"有为"而总部管理"无为"而治，同时天下大治。

中国中小企业可以从今天起准备，每5年一段一段分权，经过10—15年努力，有《华为基本法》的马步后，就可以成功实行彻底分权，若时机不成熟而躁进，将反受其害。

(十一) 定型化制式策略分析 (表) 带动分析工程

策略分析有定性 (qualitative) 分析与定量 (quantitative) 分析。定量分析来自 ERP 财务报告、生产报告、销售报告、供应链报告等，也有公司外的产业年报、公会年报、媒体报告、尼尔逊零售报告等。这些报告的分析难度较低，各级经理与高管一定要认真去读。很多人抱怨公司不买报告，也有些公司花钱买了报告，但高管却不努力深读，因而未能抓住中间的要点。

定性分析有很多是消费者一般购买态度与使用行为分析，竞争品牌间定位差异的购买心理研究，广告沟通调查，产品差异性的概念调查，长期性追踪调查后的变化、趋势与波动的探讨。

美国公司一般在事业群或事业团下设有策略分析长，长期把定性与定量报告放在脑袋里，是公司董事长与 CEO 的"张良"角色。

美国最有名的制式策略分析是麦克纳马拉 (Robert McNamara) 担任美国国防部长时，把他在福特汽车公司的企划预算制度 (planning programming budgeting system，PPBS) 带入整个国防体系，形成美国的国防管理 (defense management)。这些策略分析有很多是系统分析 (system analysis，SA)，让组织大至国家、军队，小至私营企业，都用相同分析工具追求资源最佳的分配与使用。

中小企业的策略分析都在董事长脑袋里，除非找到让他安心的策士"张良"，否则他会很害怕，因为交给别人很不放心。

(十二) 员工推动问题的解决

品管圈自主活动就是员工自主解决问题的好活动。若生产管理体系在各基层推动得很彻底，有固定流程、方法以引导达成结论，这在一些作业性或战术性工作上会有很好的成效。他们的问题大都已在手册（SOP）的规范中，纪律化训练就是让他们熟悉操作纪律，有错误就要回到纪律规范下处理。

中小企业员工较依赖命令与指示做事，在推动员工自主解决问题前，需要先制定好纪律文件、手册、规范、演练与考核标准。

中国老板一直以来习惯亲自指挥，让底下的干部听口令做动作，现在应慢慢地进步到引入各阶层的自主管理，这样老板才有余力开发新事业、新市场与新政商关系，使企业外部资源更丰富。

下表中的12项管理1.0技术，建议中国中小企业分三阶段展开执行。

表 4-2　加里·哈默尔的 12 项管理技术

加里·哈默尔的 12 项管理技术	阶段 Ⅰ	阶段 Ⅱ	阶段 Ⅲ
1. 科学管理（时间和运动研究）		X	
2. 成本核算和差异分析		X	
3. 商业研究实验室（科学的产业化）		X	
4. 投资回报率分析与资本预算		X	
5. 品牌管理		X	X
6.（大型）项目管理		X	

（续表）

7. 事业部制化（利润中心 & 投资中心）	X	
8. 发展领袖能力（Leadership）		X
9. 行业联合，策略联盟	X	
10. 彻底分权		X
11. 定型化制式策略分析		X
12. 员工推动问题的解决		X

三、总结

> 战略（长期）的正确性比它是否立即盈利（短期）更重要。
>
> ——〔美〕科特勒，现代营销学之父

我在中国台湾神脑国际担任总裁约12年（1996—2007年）期间，2000年，神脑母公司上市；2013年，另一家原来是品牌研发制造事业群，也在切割后独立上市。我心中的感受很像菲利普·莫里斯公司的乔·卡尔曼：我是一个幸运的人！

这是一个典型的小企业经转型成长、上市成功的案例。我把回忆中重要的管理心得总结如下，以供参考。

（一）建班底

（1）保留原来业务、生产、财务与行政团队。

（2）建立新企管硕士产品经理团队，约10—15人的规模。

(二) 定策略

(1) 以五年上市为 BHAG。

(2) 努力取得"中华"电信代理权。

(3) 一年内取得诺基亚、摩托罗拉、爱立信前三大品牌代理权。

(4) 建立自己的零售体系。

(5) 建立技术维修体系,达成三大原厂三级维修认证。

(6) 更换签证会计师与修订符合上市要求的八大循环系统。

(7) 引进 Oracle 的 MRP 和 ERP 系统。

(8) 成为中国台湾第一家引进 Microsoft Windows Server 系统的公司,提早学习无线数据的运用。

(三) 带部队

(1) 建立全公司经理级小型企管硕士公司内学分培训班,由中国台湾政治大学商学院负责。

(2) 经理人年度培训为人均 100 小时(摩托罗拉当年是人均 60 小时)。

(3) 进行摩托罗拉版本的项目管理集训,强化质量、速度与成本的个人与小组管理。

(4) 培训礼来版本的基本专业推销技巧。

(5) 推动日本版本全公司质量管理(TQM),由负责统一企业 TQM 的顾问培训。

(6) 推动手机各品牌经理人管理制度,每个品牌经理联结到诺基亚、摩托罗拉等品牌经理,一条龙做公司业务、经销商与零售商的讲解与水头会议。

（7）公司章程修订，分红比率改为10%，合并引入摩托罗拉模式的股票选择权激励办法。

（8）品牌产品线、各营业所和零售店皆设为利润中心单位，同时采摩托罗拉版本算出投资中心的净资产报酬率，发放奖金与红利。

（9）推动协理级以上回各大学进修MBA与EMBA课程，我负责写介绍信并以个人名义赞助中国台湾政治大学商学院设立"产品经营管理CEO论坛"两年，推动MBA营销组做更好的产品经理准备工作。

第4节　中国台湾统一企业成长期的飞轮故事

一、基因相同但长得很不相同的两张EBITDA倍数的脸

柯林斯在《从优秀到卓越》一书中，比较优秀与卓越的基准，是公司财务的优秀性。我以九家象征性公司之市值/EBITDA的倍数作比较分析来说明。

EBITDA是税息折旧及摊销前利润，常被私人资本公司广泛使用，借以比较不同地区、行业与公司之获利能力，即以现行每股股价去买下这家公司，以此公司现在的获利能力，估算现金流要几年才能回本。EBITDA倍数愈小，回本时间愈短。用100除以EBITDA倍数，就是每年回报率，分母愈小，则回报率愈高。

表 4-3　九家公司 EBITDA 倍数与年回报率的比较

公司	市值/EBITDA	股票代号	年投报率（%）
卡夫	15.65	KHC	6.40
百事	13.95	PEP	7.20
雀巢	13.45	NESM.F	7.40
宝洁	13.54	PG	7.38
统一中控	71.69	HK.0220	1.40
旺旺	83.30	HK.0151	1.20
康师傅	53.39	HK.0322	1.77
魏桥纺织	34.59	HK.2698	2.88
统一（中国台湾）	9.32	TW.1216	10.73
港交所平均	11.80		8.50

数据来源：雅虎财经网，2017 年 2 月 2 日访问。

根据上表显示：

（1）统一（中国台湾）EBITDA 倍数是 9.32，回报率是 10.73%，是九家企业中获利能力最优者。

（2）港交所股票 EBITDA 倍数均值是 11.8。世界级快消品公司卡夫、百事可乐、雀巢、宝洁的倍数则在 13—15 间浮动。

（3）统一中控、旺旺、康师傅 EBITDA 倍数则高了很多。中国方便面与饮料行业，在消费者所得提升与健康意识普及后，除非有重大管理创新之利多，否则股价难有好的表现。

（4）统一企业在中国台湾表现极佳，有如此"好基因"，所以统一中控与统一（中国台湾）相去有 8 倍之远。

这体现了柯林斯所谈到的新（子）公司或新部门纪律化的困难。母公司的文化、价值观、管理制度与技能不能完全简单移植到新的单位，一个新单位是一个新的有机体，独立运营，其制度不是由母公司制度档直接抄（copy）过来。新单位领导的执行力和管理能力很重要，要有创业家精神，若只是官僚型行政官，将很难完成开创任务。

（5）魏桥是《财富》曾专文介绍过的，董事长张士平是五级领导者。魏桥是在香港上市的公司，受房地产业与纺织品出口衰退影响而退步，若想长期维持卓越公司之获利能力，将是一项很大的挑战。

（6）一个卓越公司异地成立新公司，同样需要重新走一回柯林斯的"吉姆八步"。不是生下来有好父母就可以跃升到卓越境界的。

（7）不是营业额大、公司获利就称得上卓越。中国快消品正面临所得提高、消费转型适应问题与全球数字营销导向后的变局。

（8）沃伦·巴菲特并购的指标是 EBITDA 的 8—10 倍，若表现更好的公司，他会再加码到 10—12 倍。

二、统一（中国台湾）的卓越之路

1967—2015 年将近 50 年，统一企业在中国台湾的资本额由 3200 万新台币，提高到 4100 多亿新台币，营收也提高到 4300 多亿新台币，这是一个飞轮持续转动的杰出表现。统一中控在中国大陆已成立 20 多年，获利能力相对于统一在中国台湾仅用 20 年即已进入集团化阶段，是显著落后的。

统一中控这个小飞轮转的速度算是慢了许多。90 年代，康师傅与旺旺进入中国，皆抱破釜沉舟的决心，由主帅亲自领军扎营，进驻天津、上海。统一中控拥有来自台湾的庞大资源，但并没有从起跑点开始就一路领先，光彩耀人。

推动飞轮靠新产品、新事业部、新子公司、并购公司与进入新市场等策略。统一中控的飞轮可能受限于台湾母公司管理与技术转移到大陆的纪律化之牵制，造成执行效率差。或者是想执行纪律化，但因市场环境不同，未及时作出修正以适应新市场。

纪律化体现了BHAG的质量，如再深究下去，就是团队领导人是否抓到市场上残酷的事实，从而作出赢的决策。同时，这又令人不禁产生疑问：统一中控是否找对了人上车？他是五级领导者还是四级领导者？

（一）高清愿的创业期（生产导向）（1967—1973年）

统一企业创立于1967年8月25日，2017年就是它的50周年庆。我们很多从这里退休或离开的同仁，都很怀念高清愿董事长。我想以《从优秀到卓越》的架构回忆高董事长杰出的管理，以留给年轻一代创业家与管理者参考学习。

（二）创始人特质

高董事长38岁创业，原是台南纺织公司的业务经理，当时台南纺织总经理是郑高辉先生。高董事长个人生涯规划重在能独当一面。然而，台南纺织属于保守稳定的建制派，容易大材小用，或使人才有志难伸，所以高董事长选择创业。我曾听人提及一段故事：高董事长搭火车北上桃园，本想购买纺织厂，但是得标金额都太大，也没看上满意的目标，又可能和老东家竞争，于是高董事长后来改变主意，经营食品产业。

台南纺织是由侯雨利先生与吴修齐先生创立。台南民风淳朴，台南纺织领导人又树立所有权与管理分开的治理与问责文化。在总经理制下，优厚的年度分红、奖金等激励制度，使台南纺织集团成为财力雄厚、经营稳健的著名集团。

我有幸在统一企业工作10年，感觉高董事长是一个典型的五级领导者。当时，整个南纺集团的领导人都只是小学毕业，但他们的经营智慧是一流的。这些前辈的眼光比一般企业要早20年（两代人）国际化，原因可能是南纺早期自上海买布回台，学到了精明上海人的生意经。后来，在台湾建厂生产，买厂、买设备、买棉花原料。再经由日本商社协助，外销布成品到国外。内销则在台湾各地建立分销渠道。台南纺织最著名的故事是把卡其布产品命名为"太子龙"，使用水印印在产品布上；并使用广告，帮向它买布制成学生服的加工厂，创造品牌拉力，促进客户指名购买其最终商品"XX牌太子龙学生服"。可见，南纺是一个在20世纪60年代很有创新文化的公司。这个故事告诉我们，南纺已能活用业务的推（push）与广告的拉（pull）战略，创造差异性，进而获利，聪明地把南纺由布织制造厂变成一个消费品牌。

在这个时期，营销管理学在美国开始兴起。在这个时空环境之下，能有这个营销创意并付之施行，证明这是一个超优秀的团队，集团赚钱凭借的是营销本事。

高董事长常自谦说："我学历不高，家境不好，只有小学毕业。"但台南纺织的文化，使高董事长具有坚强的商业历练与儒雅的人格。我认为，吴修齐先生是高董事长的"教父"，使高董事长的表现有如出身商业将门。同时，高董事长经由近身学习，获得上一二代的经营知识与智能。这些背景使高董事长一出手就是高招。他有大事业蓝图于心,有坚定的信心加上能力去完成。例如,他组建以"国民中学"老师为班底的第一代业务团队,由他亲任业务经理,传授南纺业务管理精华与文化。这一代团队后来都位至各关系企业的总经理与统一母公司事业群、事业部总经理。例如,梁祥居先生(统一实业董事长);林显志先生(统一饲料部总经理、统一工业总经理、统一国际开发董事长);吴英仁先生(统一大宗群副总、统一超商第一任总经理);颜博明先生(统一乳饮群总经理、执行副总、南联副董兼总经理、统一(中国)投资董事长、大统营董事长);高显名先生(统一乳饮群副总、美国Wyndham饼干厂总经理);吴诗林先生(统一油脂部协理);许炳源先生(统一上海总部副董事长,企划群副总,饲料部、罐头部、外销部等副总经理);林苍生先生(统一总裁、总经理)。

统一刚成立时只有3200万台币的资本,除了买土地、盖厂、买设备外,在当时竟有那么大的"胆",找大量"对的人"上车。在50年后的今天,回首看统一的高管都是"自家养成"(home grown management)。统一2015年合并营收达4164亿新台币,资本实收4300亿新台币,有217家子公司在营运,这个核心团队的建立是统一这50年成功的最关键要素。

统一也建立不辞退员工的文化,换言之,人员几乎是终生雇用。在未来没有"不对的人下车"的刹车手段,那么在中国台湾已达卓越境地的统一,必须要吸取柯林斯在《基业长青》一书中的教训。统一在下一个50年,要追求的是世界一流公司中最卓

变革管理的大桥

越（the best of the best），变成皇冠上的宝石，世界同业中的翘楚。这重中之重的策略，还是在"造钟"，即培养接班团队以支应集团的大工程。其实，在时间上统一已有点慢了，因为培养一代人要15年，逆推回去，2000年是最适合启动第二波人力工程的时间点。中国首富王健林曾说过一句话："清华北大，都不如胆大。"50年前的高董事长就有一个BHAG下的大胆子。

年轻人创业时资金不继，是创业失败之主因。高董事长当年不怕吗？他彼时只募得3200万新台币，怎么够用？

统一董事会最开始由吴修齐先生担任董事长，郑高辉先生（南纺总经理）和邱茂德先生（南纺财务副总）是常董。高董事长对我们说过，优秀干部要有信用与本事自银行借到钱，事业运转后赚的钱，除了能还银行利息之外，不用向股东伸手即能支应成长的资本需要，这样的干部才是优秀的。投资高层的信用加上高董事长的经营能力，使统一的财务杠杆用得大，加上过去50年资金成本低，提供了统一成长的血液。回忆当年吴董事长进六楼办公室时，不是开董事会，就是在办理大额银行借贷的对保盖章。

统一企业买地盖厂的筹备工作是在台南市忠义路高董事长家的客厅中克难开始。这时候只有5个人：高董事长、陈松山副总（工务课长）、林苍生先生（工务副课长）、张肇斌先生（总务课长）和助理高小姐。这种节俭创业的精神，类似于微软、惠普等创办人的车库创业文化。

高董事长的BHAG是阶段性实现的：

第一阶段是1967—1973年，成立面粉、饲料、油脂、方便面食品四个事业部,所有战事开展顺利。

第二阶段是1974—1982年。最重要的事件,是1975年经由三菱商社做中介,日本明治将在台湾高雄桥头的中国牛奶出售给统一,统一由此成立乳品部,同时要求明治为统一提供技术顾问,同时间又成立了罐头部及酱油部。

统一是中国台湾最先采用瑞典利乐四面体纸(Tetra Pak)包装牛奶与饮料的企业,此举大大提高了统一的知名度与企业信誉。

这时,高董事长的BHAG是成为"台湾第一食品公司",这个BHAG就像刘邦的BHAG"统一天下"。不像项羽只要当西楚霸王,纵使事成,项家班的人能分得的"禄位"也不大,更不够吃。

这个阶段,统一慢慢有张良(林苍生先生)、萧何(林隆义先生)与大韩信(颜博明先生)组建团队,并且与其余众中小韩信们冲新旧业务。当时,整个公司充满热情,虽然金牌技能可能略有不足,但工作成就感的名与快速升迁的加薪之利,使团队飞轮充分被驱动。彼时市场也没有强的对手,所以可谓攻无不克。

这段时间最早的四个事业部是支持统一并购完达山、三元等乳品企业从而成立后来的乳饮群的"刺猬",也就是说这四个事业部相当支持乳品部门较大的设备与广促费用,使投资中长期资金支持无虑。

第三阶段是1983—1989年(集团化)。这一期间最重要的是统一超商在1978年成立,因起始资本亏损殆尽,于是在1982年并回统一成为超商事业部。同时期成立超商的集团有美国AM/

PM 和 Cycle_k。只看到美国便利店风潮，却忽视了损益两平前时间长，损失金额大，这个生意看得到却吃不下，因为吃不到，所以纷纷退出。

统一以 7—8 个事业部的获利作为"刺猬"，使超商部再站起来，同时支持统一超商台湾 7-11 早日达成损益两平。终于在 1987 年，7-11 再度独立成超商公司，并在 1997 年挂牌上市，2016 年营收达到 2154 亿元新台币。

犹记得当年高董事长在月部门协调会上，制定每月追损益两平、门店搬到三角窗好地点之策略，以及摆平统一事业部要求超商独卖统一商品的最终决策。高董事长站在超商服务顾客与客户满意观点上，只准许市占率前三名的商品进超商。市占率在三名之外的产品事业部，要自己先努力，不能要求超商保护。

第四阶段是国际合作与国际化的 1990—1998 年。吴董事长亲颁公司理念，也是公司的训条："三好一公道——质量好、信用好、服务好、价格公道"，"用我们良心货，赚您欢喜钱"。

"诚实苦干"是统一不变的核心价值观（阴）。后来，林苍生总裁加了一条"创新求进"。柯林斯认为，这要表现在提倡创新文化与创新运营的实务操作上（阳）。

进行国际合作时要买技术，缩短自我摸索期，常对标世界级好质量之要求。1969 年，统一与日清制粉合作方便面制程；1979 年，统一超商和美国南方公司签订商标与技术许可协议，这些体现了统一对拥有好的管理技术、生产好的产品与提高服务质量的执着，不是自己闭门造车。

(三) 国际性代理、合资或合作案例

(1) 高统是1970年统一和美国百事集团旗下获利与营销表现最好的菲多利（Frito Lay）联合成立的合资公司。这中间，公司曾增资重整，黄俊胜总经理反败为胜。1992年，它曾排入台湾1000大制造业企业，最后以20的EBITDA倍数卖回给百事集团。很可惜的是高统的营销团队回统一后并未受到重用，著名的百事兵法没能技转统一，没有让统一消费品群在管理纪律化上更上一层楼。我个人认为，高统的营销团队及其"百事兵法"才是金矿。

(2) 肯德基（KFC）是1984年由三菱引入，最后可能因为赔钱而转回KFC。

(3) 统建由三菱引入，直销健康食品。

(4) 1987年，由法国引入家乐福成立合资公司，统一高董事长占40%股份。法方旨在运用统一在地政商资源，协助找店设店。

(5) 统用是统一与美国通用食品公司在1988年成立的合资公司。通用在1985年被菲利普·莫里斯香烟公司并购，同期双方洽谈20%股权买卖交易陷入停顿。1987年，菲利普·莫里斯再并购卡夫后整合两公司，成为卡夫通用食品（Kraft General Foods）公司。通用入股案全部停止，统用最后也转南联大贸易商（统一100%控股），再以台币3.5亿卖回卡夫台湾。统一原始投资应是1200万新台币，不到10年获利约30倍。通用在美国是老牌品牌管理公司，曾协助统一引入产品管理。统一因此建立市调部与事业部，设企划课与业务课分离制度，使品牌管理的上游工作更专业深入，提升竞争力。

（6）在和外商合作合资中，高董事长感悟到他比很多外商总经理强，其实外商没有所传的那么伟大。高董曾担任10多家公司的董事长，产品复杂度不在话下。外商宾客都讶异于高董怎能身兼这么多职，同时工作又做得那么出色。高董觉得，外国公司有些总经理工作太轻松，待遇又太好。我知道高董要说的是："我赢他了！统一未来可以超过他的公司。"

这时候，他又有了新的BHAG：使统一成为"世界第一"。

统一在20世纪90年代已是台湾地区第一。要成为世界第一，首先要成为中国第一。他常说，在中国大陆可以做到等同中国台湾生意的60倍。统一母公司市值为380亿元新台币，放大60倍是22800亿元新台币，约美金710亿元。统一整个集团2015年营业额是台币4162亿元，放大60倍是台币249720亿元，约等于美金7800亿元。这60倍市场犹如60层楼，要有钢构骨架才行，而台湾地区的市场只如一层楼的平房。

（四）统一国际化的宝贵经验

（1）统一很多新事业部开发与新产品开发，都由三菱商社介绍并持续追踪支持。

（2）国际化合作或合资是一种交换，外国公司要的是台湾市场与本地关系等资源，以跃过创业期的摸索阶段。但与美方的合作，时间一般都不长，所以签署合作约定时要有"离婚协议"，这是必要的。

（3）国际化是成长过程，本地厂商要实时学习所需要的技术，因此，国际化能促进成长与扩大国际视野。

（五）统一基业长青的几个隐忧与建议

（1）要学华为实施重要岗位带证上岗制（就像机长制度）。

（2）着重金牌技能上的强化与纪律化。

（3）统一在台湾没有较强的竞争者，因此公司系统性之飞轮转得很快。统一的整合性动能超强，可以集中火力往外拓展。

（4）统一的重心应移到上海，集团领导应同时迁往上海。

（5）在中国大陆成立培训学院。

（6）成立商学院，冠名"高清愿学院"，产学合作，培训统一之全球干部。

（7）大陆与台湾干部轮调，台湾干部需到大陆实习。大陆的营销管理、业务管道、广宣、媒体、消费者服务管理之复杂度难于台湾三倍，养才要到大陆，不要区分陆干或台干，要的是"抓老鼠的好猫"。若总是自我圈在台湾练兵练将，10年后难出世界级大将。台湾不是练将帅与练官兵的好地方。

（8）继续在统一中控寻找刘邦型执行官，建立有张良（策略）、萧何（运筹）、韩信（业务）的金牌团队。

三、问题

回顾20世纪90年代，统一企业之总资产是康师傅与旺旺（中国）之千倍甚至万倍，但何以今朝无法维持这一优势，甚至2000年以来与康师傅之营收比例约4∶1，甚至3∶1，与旺旺（中国）在伯仲之间，甚至落后旺旺好多年？

探讨这个问题，假如由"吉姆八步"一步步分析与思考，则答案尽在其中。2014年，有上海法人机构与纽约华尔街大型基金经理人到新泽西住所请教我这三家之未来，我用"吉姆八步"分析与解说，他们在2015—2017年间似乎都作了正确的长期投资决策。

第5节 中国旺旺食品的成长与跌宕

2000年，我应聘到一家名为旺旺食品的台资食品企业，当时不了解这家公司，只知道它的米果系列产品在市场上卖得非常好。记得当时是招聘河南分公司的三长即销售渠道主管，因为我有从事过快消品销售工作的经历，所以很顺利地通过总监面试和笔试，面试通过后张总监告诉我们三个分公司的三长主管，都要去上海参加高层复试。

去上海参加复试时，在吴中路一条狭窄的巷子里看到旺旺的总部是一栋五层的办公楼，每层都有很多人，一片忙碌的景象，当时旺旺集团的营业额已达20多亿元人民币，给我的第一印象是这个公司低调、务实。

面试是在一个小型会议室进行的。进门时人事助理多次提醒我们，要主动与长官打招呼，这个公司很注重规矩和礼貌。面试房间里有七八名高管，居中有一人理了个平头，穿了一个灰色马夹，给人的感觉是挺硬朗，在一楼展厅看企业简介时知道这是旺旺的掌门人蔡衍明董事长，当时马上意识到这个公司对人才引进是非常重视的。

面试时提的问题很细，从就业经历到人生理想，最后根据事业部面试主管的意见进行工作定岗。入职后，我留在总部米果事业部任行企部课长一职。意外的是，因为我是外地人，公司还补给我每月2500元的住房补贴，那时上海市区的房价每平方米才3000元左右。人力资源部员工告诉我们新员工要好好工作，业绩如果突出能升职到协理级别，到时妻子随行的工资及孩子的上学费用均由公司补助。作为一名新员工，当时对旺旺的信任及幸福感真的是满满的。

上班半个月就接到人力资源部通知，到一家企业宾馆参加为期30天的第二届大陆干部培训。这个培训很严格，每天早上6:00先跑步后早操，8:00到18:00都是排得满满的课程，从企业产品价格、产品特点、产品政策、企业文化到高管的成长分享与智慧分享，等等，每天晚上大家都要复习，第二天早自习都要对昨天所学内容进行考试。上课时，教官会对学员的坐姿、发言、行为进行记录评分，和考试分结合，实行末位淘汰制。其中最关键的课程是应有市场论，就是以产品线为单位找到全国销售最好的标杆城市分析其人均销量，再结合其他各二级城市人口与国内生产毛额（GDP）推算出全国各区域应有市场目标，作为业务体系日常奖金考核的重要依据。理论培训结束后又进行了工厂生产线参观、市场作业实践、分公司作业流程的系统培训。那次培训至今记忆犹新。

企业尊重人才引进，拥有相对同行业更丰厚的福利保障，更系统的制度规范，更丰富的产品结构，这一切夯实奠定了基层主管对企业的认同感和作业方向，使很多基层主管在多年后仍能感觉到曾经的幸福与荣耀。

一、品类定位争第一、产能扩张降成本

旺旺食品是由米果类的休闲食品延伸出的系列、多品类休闲食品。董事长蔡衍明先生对欧洲、美国和日本休闲食品新品类十分关注,引进生产合作能力非常强。从20世纪90年代至21世纪初期,旺旺的许多产品均被打造成该品类的第一品牌。公司当时分为八大事业部,即米果、糖果、牛奶、休一、休二、休三、酒品、饮料事业部,并对每个事业部的总经理明确提出要打造明星品类,保证一至二个品类为行业第一。当各事业部明确所要打造的产品后,各内勤部门与各生产体系倾力辅助推动广告广宣、人力、市场等持续性配套活动。此行为各事业部之间的正能量竞争拉开了序幕,同时促进了产品线的完善。最终在2004年前,大部分事业部均拥有各自的一线品牌以及行业销量第一的单品。其中,米果系列在米制品的膨化品类中销量第一;QQ糖在软糖行业销量第一,旺仔牛奶糖则位居奶糖行业第二;旺仔小馒头在同品类中销量第一;管状冰品旺旺碎碎冰在其行业也位居冠军;浪味仙在马铃薯膨化食品类中仅次于乐事;旺仔果冻的销量也达到行业销量第三;旺仔大礼包在膨化食品休闲礼包品类销量中稳居国内第一。真的是百花齐放,春色满园。如此多管齐下,快速引进,快速推广,使得各事业部在畅销爆量的快品带动下,产品系列得到丰富,同时更赢得中国大陆发展中市场的先机与契机。

为了有效提升各事业部的生产规模,控制物流费用,降低生产成本和采购成本,并且随着中国经济的不断攀升,土地价值的不断提高,经集团充分授权,各事业部由总经理负责自行提报建

厂计划。自此，旺旺食品开始了在中国大陆地区的大规模跑马圈地。为了有效控制建厂费用，公司发函和各事业部派员向交通便利、招工便利、经济处于发展期的二三四线城市政府招商局提出政府免费为旺旺食品提供土地、五免三年半的地税优惠政策；或者由政府盖厂房、公司租赁的形式发展配套生产工业，快速推动各事业部核心产品的建厂扩张，从而有效压制各地区同类产品的产地竞争优势。其主销区500公里直径均设立工厂的理念也大大降低了物流、采购、税收、人工等成本。在2000至2010年的10年中，在中国大陆，旺旺食品就建立了80家工厂，累计工厂达到100家以上。此举高屋建瓴，充满霸气与雄心，奠定了旺旺食品在整个中国的庞大市场结构、工厂布局结构、人才储备结构，使旺旺食品成功跻身为中国最大的休闲食品制造及销售企业。

二、市场破冰铸服务、送旺下乡拓销路

2004年底，旺旺食品遇到进入大陆市场14年以来最大的发展瓶颈。因为其过多的事业部及分散多元化的产品品类，且各事业部多为独立经营、独立管理，导致多事业部同为一个客户的经营代理的情况下，多人对接目标、发货、返利等问题的出现。在我个人走访客户的过程中，经常会出现正在与客户沟通时，米果的业务人员刚走，糖果的业务人员过来；糖果的业务人员离开，休一或休二的业务人员又来等情况，常常造成客户应接不暇、疲于接待。由于公司对客户数量没有要求和相应的市场销售区域或渠道的保护制度，使得业务人员为了开发客户，拿奖金，而乱开发客户、凑数的不良行为增加。加之前期产品发展过于顺利，很多业务人员养成了只催款发货，不注重分销、陈列、促销等售后服务环节的落实，导致很多客户库存不断攀升，货龄老化，产品价格及客户利润不断下滑，最终出现客户大面积流失情况，由此，产品的发展以及企业的品牌口碑均受到严重的挑战。

在市场扩建过程中，当时各事业部业务组织过于分散，管理中各自为政，市场作业缺乏区域保护制度，加之地级市客户长期向县城低价分销，导致很多地区的县城无客户或县级客户散、乱、小、杂等现象频出。这致使当时中国大陆总人口占比58%的县级市场，仅产生了公司总销量20%的业绩。

基于上述综合原因，旺旺食品总部迅速作出调整，经过为期三个月的市场客户及终端调研，召开了集团破冰会议，针对以上情况作出有效的应对策略以及业务、生产、管理人员的心态调整要求。引用现在最流行的一句话来讲就是"企业的顶层设计，发生了质的变化"。破冰会议上，蔡董提出："业务强调的就是售后服务，业务主管注重的就是资源整合，生产关注的就是品质提升"；并在会议上对分公司的销售总监作出个别产品的销价、销量、政策方面的相关提问和考试，回答不合格或考试不合格的业务高管，会议结束当场免职。这一行为，对当时参会人员起到了巨大的触动作用。会议中，蔡董再次指出："铁的纪律，爱的指导，当主管就要做到打铁必须自身硬。业务主管必须在市场上，精通业务技能；生产主管必须在生产车间内，精通生产流程及工艺。"同时，公司整合了城区及县城的作业模式，成立了县城发展事业部，整合了各事业部的产品和业务团队，明确界定了各区域的市场范围。其各标准市场主要分为三种主要客户：休闲客户、乳饮客户、黑皮品类加冰品客户,围绕客户开始进行其下游所属终端客户的数量摸查,每160至240个网点配货车一辆,车销业务人员一名;同时对城市及乡镇的终端网点进行格式化排列,分片区、分时间段定时拜访、定时送货、定时维护货架陈列,将城区市场定位为城区大配送,县级市场定位为送旺下乡。该举措使业务资源得以统筹整合,提高了产品铺市率、上架率,单店品项交易率大大提升。另外,公司要求总部主管及分公司主管在各区域客户处蹲点跟车铺货,拟定标准的车销作业模式、产品推广模式,以及不同的终端客户促销陈列、推广、销售模式。为了使信息实现数字化,公司出资5000多万元人民币进行总部与分公司线上订单网络配套、客户货需数据配套,费用提交审核系统。经过一段时期的努力与规范,全国各级客户配合度全面提升,短短三年内使旺旺食品业绩一举突破百亿。县级市场的销售份额占比不断提高,县级市场的客户实力及作业技能也在不断提升,整个业务团队找到了正确的作业模式,形成了在一定时间段内系统可持续发展的机制。随着本次送旺下乡车销模式的实施,整个旺旺食品的市场占有率及业绩提升进入第二次辉煌。

为巩固公司文化,统一管理理念,旺旺食品各分公司和生产厂的会议室都安装了最先进的视频设备,以便每周各事业部一对一的业绩例会能宣导到位。集团要求每季度各分公司的生产厂长及销售总监都要回上海集团总部开会,公开针对各事业部发展过程中的产能设定、产品设定、价格设定、销售政策设定、组织发展、市场等问题进行基层主管广泛的意见征询,从而达到了解基层所需所想,并拿出有效方案,统一思想、统一行为的最终效果。那个时间当主管一有权，二担责，三富有创造力，每次会议结束后，所有会议成员都会在公司收购的神旺大酒店进行聚餐，在大家露出满意笑容的脸上都能看到会议的效果。

蔡董每次在宴会结束前都会激励大家，至今我仍牢记其中几句话："我们旺旺人是最棒的团队，前途远大，要让大家过上最好的生活；我们要成为中国最大的休闲食品企业，中国最大的休闲食品企业就是未来最大的世界休闲食品企业。"大家一起高歌"大团结一定赢"，最后以大家激情澎湃的十六次击掌结束聚餐。那时的旺旺团队，业务人员工作激情四射，管理层干劲十足，总部与地方责权明确，各有担当。那整齐的击掌声及嘹亮的口号，市场一线作业的艰辛开拓场景，至今仍历历在目，激励着我在工作中不断前行，永不退缩。

三、管理层层渗透、资本多元发展

2008年，公司为了给业务体系提供良好的办公环境，以便于更好地现场管控各区域市场，实现基层人员本土化，并保证固定资产能够持续提升，开始购置各省营业分公司办公场地和仓库，两年内迅速在全国300多个地级市中，购置临街门面房作为二级地市营业所使用，有效促进了原有各地级市租赁式办事处升级为营业所后的固定资产升值保值。同时，给全国近400家营业所配置了销售内勤、数据内勤以及订单内勤，对各营业所所辖的空白市场开发效率追踪、销售数据分析、客户售后服务、客户库存分析、客户市场陈列效果和促销活动评估，进行现场监控和核查，有效保证了总部规划的各项费用投入执行情况及意见的及时回馈。由此，其市场最前沿的作业执行能力得以巩固发展。

2009年，集团首次对外聘请核心高管副总裁邱璨瑸先生，针对集团未来新的运营模式提出升级改善方案。邱总是一个企业管理经验丰富，拥有超强学习力、辩证力，同时又充满智慧的长者。邱总推崇先人后事、分段担责、利益共享、专业创新的企业策略，为了保证整个集团的生产、研发、业务发展、内勤管理，对公司与管理层的关系进行了梳理，强调企业要发展核心部门的功能、职能必须齐头并进，并为之展开多项规划策略。针对基层员工，开展马步工程培训，以提升员工转变为经营者的心态和专业知识；针对分公司高管，实行利润中心制考核，彻底激发基层主管的经营责任意识和干劲，使能者受益，促进良性竞争；针对事业部高管，实行目标结合股权的激励，使各事业部组织功能完备，专业能力提升，成为真正独立的产品谋划运营中心。但因身体不适，邱总退休后，其所谋划之专案未能持续跟进，但邱总之目光长远、所谋之方案深受集团骨干及精英阶层认同拥护。

随着集团食品产业的开疆拓土，业绩的节节攀升，管理的盲区也在不断产生和变换，为此，集团总部幕僚处特成立了稽查处，营业总处成立了独立于营业体系以外的市场稽核处，在全国有近300多名稽核专员对公司所投入的各项陈列费用、车补费用、促销费用、客户库存网点的真实性、终端作业的规范性和规律性进行现场核查；对工厂生产原料、产品品质、原材料价格、运输费用、办公费用、交际费等相关费用，全部进行了数据的检测监控及比较，全部现场核对，追人追责，并限期整改，以保证管理体系的执行能力高度统一，以及针对问题的及时纠错能力不断提高，从而保障工作的有效开展。

集团随着社会知名度的提升，香港股市业绩表现良好，股市市值一举突破千亿港元，成为内地食品企业在香港上市的龙头企业。在资金充裕的市场环境中，旺旺集团也开展了多业并举的发展策略，酒店事业部、地产事业部、餐饮连锁事业部等众多投资部门应运而生。另外，神旺控股对媒体、医院以及保险公司的兼并持续而连贯，整个旺旺集团的品牌知名度达到行业内前所未及的高度。当时，集团营运总处许下了百亿不是目标、千亿不是终定的宏图伟愿。

蔡董为了将旺旺做成可传承有序的百年企业，特在上海一家百年老字号金店定制了一个近 1.2 米高的纯金旺仔商标 logo，高悬于旺旺集团总部进门玄关处，以激励所有旺旺人爱护旺旺的金字招牌，其意明确而深远。

四、市场风云变幻、发展再遇波澜

进入 2011 年后，送旺下乡和城区车销作业红利已逐渐进入一个阶段整合的尾期，市场的产品大部分为 10 年前已研发和畅销的老品。近两年来，随着互联网经济模式的快速变化，终端消费模式及客户渠道模式也发生了巨变，消费者的选择性越来越强，促使原有传统客户的销量多次被细化后的市场、细化后的产品分离分割，其销量未增，库存却再增。市场客户的利润、产品价值、业绩如秋至冬愈渐愈冷，促使高速发展的旺旺集团食品主业再次进入一个跌宕期。但公司也与时俱进，根据市场的发展需求，早于同行业其他企业在 2009 年成立了电商事业部，企图通过初期强大的电商运营资源、雄厚的资本实力、成熟的品牌，扩大网络平台的市场占有率，以提升业绩空间。

旺旺进入中国大陆市场20多年来的成功，关键在于集团对于新品的快速引进、快速推广以及强大的经销商和终端门店网络占有率；同时，公司发展早期和中期市场运营模式能够随机而变，从而建立了强大的人才、生产、物流、销售、广宣自有供应链体系，使其至今受益。

进入2012年，随着食品行业一线品牌竞争加剧，品牌、品类、渠道、文化、合作模式的多元化升级愈演愈烈。例如，乳制品行业的巨头伊利和蒙牛两大王者品牌在其年销售额均破300亿元后，其常温产品渠道稳步多品发展，以培养爆品和高端礼盒奶为主；而低温渠道形成水果、谷蔬、儿童、益生菌、爆款特价五大系列迅猛发展。随着保健养生文化的概念性新品持续不断导入市场，消费者对乳类产品的品质、营养、口感的消费认知均有了深刻变化和多样性的选择。竞争中各大型企业与终端消费者的互动活动推广，使奶制品市场终端的零售竞争进入白热化阶段。此时，旺旺食品销售总量排名第一的旺仔牛奶由于品类单一，作业模式单调，该品类百亿销量市场开始动摇。但当时却把问题的解决归结于老品增规格，换包装，增口味，严打业务铺市率不力、陈列执行不力等人为非本源性因素上。在相当长的一个阶段总部下发的处罚单满天飞，我常见到几个分公司的公示栏上长期张贴着某业务主管被通报批评、申诫、记小过、降职等负面信息。部分业务团队因此丧失了作业方向和工作热情。

本应由总部耐心承担的产品研发、生产导入、渠道战略规划性改革,却单一演变成对基层作业人员和客户的严惩严查行为。就如人生病得的是高烧,吃的却是泻火药,其结果就不言而喻了。随后的业绩表现,先由局部区域再转至规模区域均出现销售下滑迹象,对此,集团针对部分事业部的负责人进行了轮番更换,但仍收效甚微。类似情况在各事业部产品线均相继出现。

曾经引以为傲的新品引进与高效推广,此时变成了集团发展的困局:新品研发后续缺失,老品市场业绩阶段下滑。总部为加强执行力,在加大垂直管理的能力上越来越强,管理与追踪人员不断增加,但一线主管的决断权、话语权、独立经营能力、资源调配整合能力却越来越弱。当营运总监和分厂厂长职能长期以内务监察工作与总部传达主导的检核工作为主时,其岗位能动性可想而知。当团队领导没有远景可望时,责任心就变成了口号。

整个营运体系薪资考核方案缓慢改变,导致原有以绩效考核为主导的工资体系坍塌,很多业务人员拿不到奖金,薪资体系调而不活。长期的微薄收入、薪不养家的情况最终导致业务人员的批量流失。同时,集团为了保障上市企业利润的提升,对生产体系与销售体系进行了裁员,但此阶段出现的问题并未解决,从而引发了食品主业多年培养出来的8—15年的核心精英层员工的离职,特别是销售体系中高层管理人员规模性流失过多。

个人的努力往往是为了改变自己和家庭的生活状况,家永远是我们的依靠和停歇的港湾。业务组织体系中高层管理人员频繁高强度的工作调动,也使其是否能长期稳定发挥工作绩效,存在着严重的后遗症。以我自己为例,从入职后仅在家庭所在地工作七个月,其后辗转三次调动至上海三年、浙江半年、河南漯河两次调动累计四年半、东北两次调动累计三年、天津和北京累计一年半（其营运体系总监基本上都是两年一换省份），市场业务体系中高层管理人员远离家乡、工作频繁调动的组织管理习惯多年未变，使众多中高层管理人员无力持家，这成为他们最终离职的重要原因之一。频繁更换分公司或分厂高管，一旦形成规律，必然会导致子公司内部基层员工对该岗位管理人员心理上的漠视。实际上，很多子公司或分厂的资深内勤主管比子公司负责人更有发言权，其与总部垂直部门的长年互动关系更紧密，子公司负责人即使发现其不适任或有过失，也基本无法撼动；同时，关联单位客户也会对子公司管理层不信任，致使子公司负责人从岗位统筹驾驭的角度看，失去了部分信任、权威、责任，但也相应防止了长期留任而导致的小团队、小帮派关系，有得有失吧。

作为旺旺食品曾经的一分子，在我工作的14年中，我为身为旺旺人而感到骄傲，也曾经多次梦想像公司受人尊敬的廖清圳副总裁一样，通过努力和付出拥有企业的一些股份，尽心敬业工作至退休，这个梦想让我坚持不懈地努力了多年。即使最终没能成为公司的股东，但从一名普通分公司线别专员成长为营业大区总经理，虽然成长的过程与付出是艰辛的，然而内心却是快乐的。此期间，公司指派我到哪里，哪里就是我的全部。平心而论，付出就是一种收获。

21世纪，中国大陆是创业者的热土，是互联网产业奇迹诞生的年代，随着阿里巴巴、京东、华为等一批巨头的快速崛起，其发展的规模与速度、产品的完善及创新力震撼世界。企业经营的合伙人模式应运而生。企业的资源，取之于社会，回馈于社会；

企业的利润得益于团队的力量,回馈于团队的分享,而互联网时代更是一个分享资源和分享利益的时代。联想集团董事长柳传志先生接受采访时说了一句话:"我现在花50%的时间找人才,并将其放在合适的岗位上,让他去发挥,企业的发展更是人才的竞争,合作模式的竞争。"凝聚人才,提供其施展才华的平台,趁势而为,沧海横流,方显英雄本色。

真心寄希望于中国旺旺食品,再续行业传奇,真正实现公司及员工的共同信念——"你旺,我旺,大家旺"。让我们拭目以待,默默祝福!

(本节由朱磊撰写)

第6节 对标卓越企业与团队对齐实例
——神脑国际之变革上市

在1996年之前,台湾地区尚未通过"电信三法",神脑国际的业务主要以研发制造模拟式长距离无线电话机(简称"长机")为主,当时的市场主要以第三世界发展中国家或地区为主,尤其是通信基础建设不足的国家或地区,如当时的中国大陆、非洲国家、阿拉伯世界。其产品优势是一台主机连上电话线,其手持装置可拿到数公里甚至数十公里远,仍可双向通话。这在当时无通信基础设施的国家或地区,有很大的需求,毛利率也很高,一年可创造约10亿台币的营业额。然而,自从移动电话技术渐渐演进到数字化时代后,原本缺乏通信基础设施的国家或地区,纷纷开放其国内移动电话市场,以补足其区域通信基础设施建设的不足。移动电话普及化，使得神脑国际所生产的长机市场渐形萎缩。

1996年1月16日，台湾地区"电信三法"通过后，邱先生及团队决定带领神脑国际转型投入台湾地区移动电话市场的销售与服务。在此之前，神脑国际并无在台零售营销的经验。原本的同仁也都是属于生产、研发以及在海外分公司单打独斗型的业务人员，对于国内消费性商品的经销、零售、营销及售后服务，真是毫无经验；另外，人员特质也不尽相同。面对这一残酷事实，邱先生仍坚信神脑转型、组织改造、人员再训练及组织内系统升级，势在必行，刻不容缓，否则唯有死路一条。在内部仍有不少异议的情况下，幸得董事会的支持以及邱先生的坚持，神脑国际抓住台湾移动电话市场开放的契机，终能站稳在台湾地区手机市场销售第一的宝座，并在2001年成为上市公司。这就体现了"中国管理教父"柳传志先生所谈的"定策略"。

企业经营最难的是人，尤其是人员的思维。要从一个生产制造研发外销公司转型为以国内经销、零售、行销及售后服务为主的公司，基本上，这像是两家不同形态的公司，转型谈何容易？事实也是如此。转型初期并不是很顺利。例如，为了了解零售销售技巧，神脑开设零售连锁店练兵。为了能快速增加零售店店数，收购当时的"大呼小叫"17家连锁通信行。后来证明，这项收购并未提升神脑在零售渠道的功力，反而拖累了转型的速度，最终以失败收场。这其中的关键还是在人、在系统、在组织。不同的组织有不同的文化与纪律，还有不同的人员思维。在神脑自己都尚未转型前，再并入不同的文化、组织，结果导致更混乱的开始,最后花大钱收购的 17 家零售店,再花钱一一关店。

一、人员的大改造

针对上述情况,邱先生决定自己从内部训练人员,提升人员在销售、行销、财务、团队合作方面的思维与技巧,以建立神脑自己的组织与文化。

第一阶段:公司内部各单位所有课级以上主管,接受为期半年的培训,包括三个月行销课程、三个月管理会计课程,每周六上课一整天,特重金礼聘中国台湾政治大学名师授课。

第二阶段:招募各校优秀 MBA 毕业生,每期 10 到 15 名,培训一年。这一年中,培训人员没有产值,只上课受训,并轮调到各行销、业务事业部门实习。一年后,依个人特质,调至行销及各销售部门,担任产品经理(PM),负责与各手机品牌公司对接的窗口。这些手机品牌公司的人员,都来自国际大公司,受过很好的训练。神脑的对接人员如未经良好的训练,无法与对方维持良好的互动与沟通。这样的 PM 培训,连续办了好几期。几年后,这些储备干部在神脑行销、销售及连锁体系,都发挥了很大的作用,有不少日后都成了中高阶主管,也有不少被业界挖脚,使得神脑常被业界戏称为"电信产业的补习班"。邱先生也多了不少徒子徒孙呢!后来证明,人员素质的提升,对神脑发生质的改变,确实帮助很大。

第三阶段:神脑转型过程的培训不只针对干部,还针对全省各分公司第一线销售人员。一般公司可能只是请外部讲师来授课,但外部讲师无法理解转型过程的真正状况与问题,而邱先生清楚神脑在转型过程中内部组织的问题及盲点。于是，邱先生亲自规划课程并带队到各分公司亲自授课，建立了神脑自己的组织文化。

我想这就是柳传志先生所说的"建班底，带部队"，也印证了《从优秀到卓越》中所说的"先人后事"以及"有纪律的员工""有纪律的思考"等内容。

二、系统升级

神脑原先做长机生意，以外销为主，其生意模式是把货运到海外各分公司。长机是一台一台卖的，因为对第三世界未开发国家而言，一台销售价格数千美元的长机，大概只有特殊行业才有需求，有能力负担。所以，原先的销售系统是无法负荷经销、连锁零售庞大且复杂的客户数据及商品销售的，唯有彻底更换整个资讯系统的软硬件，才能承担公司转型的业务。因此，邱先生说服董事会，在资本额不到10亿的情况下，投入一亿多元陆续更新资讯硬件和软件设备，引进Oracle的MRP、ERP系统，成为台湾第一家引进Microsoft Windows Server系统的公司，提早学习无限数据的应用。同时，建造零售连锁体系的POS系统，让总公司行销及业务部门可以随时掌握200多个零售点的销售及存货状况，作为产品经理对各品牌型号手机下单进货的依据，也可以减少库存的压力。因为手机的跌价损失很惊人，稍有不慎，仓库里的手机就会从价值万元跌成一文不值，所以，实时的销售状况，对PM来说是下单时很重要的依据。这样的系统升级，在初期看不出成效，因为它的成效是隐形的，只看到营业额不断地提升，却忘了背后系统的支撑。敢在转型初期就做这样大手笔信息软硬件投资，即使面对内部不断的质疑仍不退缩，我想这样的领导人定有坚定的信念以及专业的判断，而这不就是《从优秀到卓越》中所说的五级领导者的特质吗？

回首神脑的转型之路，我有幸于1996到2006年间，在邱先生身旁学习。在大环境改变的情况下，神脑做了个大转型。当时公司转型及内部组织改造真是辛苦，非三言两语能说得清楚，唯有亲身经历过，才能理解个中酸苦。但邱先生仍秉持坚毅不挠的精神，一一克服。

（本节由廖淑英撰写）

第 5 章 结　语

李嘉诚是香港首富，故乡是广东汕头，他的德行为中国人所称赞。他的手表时间设定一定拨早 30 分钟，这是他的做事方式。

马云回忆第一次到香港拜访李嘉诚时，李先生亲自到办公室电梯门口欢迎他们，并对每个人递上个人名片。

马云说：这样一个大人物，竟是这么谦虚待人！

李嘉诚的办公桌上摆了一张美国 2008 年金融危机时倒闭的 AIG 股票，作为自己经营企业集团时日日反思的"座右铭"。

第 1 节　《从优秀到卓越》是难得的"对标管理"的好书

对标管理是寻找和学习最佳管理案例及其运行方法的最佳途径，越来越成为企业乃至政府的一种流行选择。在这方面，《从优秀到卓越》是一本难得的好书，针对中国中小企业与新创企业，提供了简便易行的良策。

在中国的《资治通鉴》与《史记》中，有关楚汉相争的精彩故事是非常经典的中国本土性"从优秀到卓越"的故事。我多次收看央视的《百家讲坛》栏目，聆听多位名教授讲授这段历史，受益良多。

《从优秀到卓越》中也隐含着中国《易经》阴（核心价值，看不见）阳（一直创新的变动方法与实务作业，看得见）相背相生之自然道理与管理哲理。

柯林斯在《基业长青》中，告诫读者不要残酷地逼自己选相悖的阴或阳，而要会选老天爷的礼物：相生的阴和阳，这也是华为创办人任正非先生给员工讲的"华为的18个故事"中的第18个：灰度。被尊称为"中国管理教父"的任正非先生，总结出知名的华为18个故事，我建议读者可以先熟读这些故事，再对比《从优秀到卓越》的九个章节，借由中国管理教父本土性的批注，更能体会《从优秀到卓越》的精髓。

《易经》教会我们中国人，不同的时间与位置，它的决策之阴（黑）与阳（白）是不同的，没有绝对的阴或阳，只有在某种条件下才是阴或阳，更多时候其实是灰。

《易经》是中国古代帝王将相们一定要修习的学问，也是中国文化的根源。《从优秀到卓越》认为，五级领导者所应具备的第一个条件就是，行为举止于内于外，必须是谦谦君子的表现。《易经》第十五卦"谦卦"对谦逊的解释比《从优秀到卓越》更详细，读者可仔细阅读《易经》。

《从优秀到卓越》教我们"先人后事"时，要找"对的人"上车，这一概念实在很抽象，读者不易理解。柯林斯尤其强调，当找不到对的人时，宁可不做，也绝不可以随便找人去做，因为找错人后的更正工作比找对人所花的时间，多出10倍以上。《易经》谦卦的六爻把一个组织中由下到最高领导人六个层级"对的人"表现出的"谦"的行为，讲得非常透彻，令人易懂。

《易经》讲三易：简易、不易（阴）、变易（阳）。当读者深读《从优秀到卓越》后，会发现本书也具有三易的特点。《从优秀到卓越》不只教我们组织绩效成功的"简易"物理学，同时告诉我们核心价值观与公司经营的非金钱目的这两部分是不可轻易改变的，这是"不易"，即"阴"的部分。

同时，《从优秀到卓越》也告诉我们，规则——类似《华为基本法》所产生的纪律文化、公司之作业性方法与技术的制度、短期要完成的公司特定问责目标、数字与执行策略三大项——要能创新求变，以利生存发展，这是"变易"，即"阳"的部分。

无为而治是管理的最高境界，任正非先生的"无为而治"与《华为基本法》讲得很好。基本法订下各机能与各层级的规则，用以建立纪律文化，在最高领导人最终要达到"无为"的理想下，其前提是要先建立一个管理架构流程与IT支撑的管理体系。

华为管理体系的基石工程是引入合益（Hay）集团的职务评价系统，以及严格执行"带证上岗"制度。这是很高难度的管理动作，因为它会伤害很多人的利益。

我还记得在20世纪80年代中期左右，中国台湾统一企业在合作伙伴美国卡夫食品公司的推荐下，也曾引入合益顾问集团的项目开展试点工作。但因为实施该项目要清除很多重复的人员以及资源，组织的人事会因精减而伤害很多老臣与较资深员工的利益，他们集体申诉到高清愿总经理那里，于是当时林苍生执行副总所负责推动的整个统一职位专业化管理制度——合益集团项目,在最后"一里处"被推翻。

统一企业30年前的变法失败,造成今天"统一中控"组织中无足够量与质之大将的窘境。统一企业事业部总经理级将才希望一代好过一代,应借鉴华为任正非先生的远见与坚持,放眼50年,发动人资管理革命。

公司要"无为而治",就要知道如何无为而治与其转换过程,应该像华为建立基本法那样先严格"有为",之后才一步步安心转入"无为",这才是正确有效的"无为"。它像长江水,源远才能流长。

"无为"不是用钱可以买的设备,关键在动员每个人。华为独有的从领导人到员工的教育文化层次高又聪明,他们最能深度认识自己,也认识到他们需要无为的长远组织生命意义与价值,尤其最了不起的地方是,领导人在华为的"冬天",仍坚持不懈要完成它。

无为是要让企业的生命长过企业领导人的生命,这就是柯林斯所说的"基业长青"。

任正非说他花了20年时间才理解西方的管理精神。西方领导人有空打高尔夫球,而中国管理者不眠不休疲惫不堪,但效益不到人家的一半。

然而,任正非说他并不喜欢读西方管理类书籍,反而是从中国史书典籍中悟出很多道理,华为的18个故事也大多是从中国史籍之现代管理面引申而来。

我建议,中国中小企业领导人改以柯林斯的《从优秀到卓越》为阅读进修之经典款与入门书，先抓住转型成功的方法与步骤；在看到初步效益后，可以试着小步"无为"地授权；当领导人自己感觉安稳之后，再以进阶修炼的心态，去享受中国古典文化的深邃奥秘。

第 2 节 《从优秀到卓越》是美国商业的《易经》

比起宋代司马光的《资治通鉴》，《从优秀到卓越》可说是"20世纪的美国商业《资治通鉴》"，所以，《财富》500强公司CEO们非常爱读，一读再读，就像毛泽东读了17遍《资治通鉴》。

柯林斯在《从优秀到卓越》第一章中指出，他比较了1965—1995年这30年间符合卓越原则的11家卓越公司，以及另外17家很优秀、但未能由优秀而进入卓越的公司。由研究初期的混沌状态，到归纳出令柯林斯团队很高兴的研究结果，即"从优秀到卓越"的飞轮总共要经过八个程序，我们姑且模仿《易经》八卦，在此将其命名为"吉姆八步"：

1. 五级领导；
2. 先人后事；
3. 面对残酷事实，仍永怀成功的信心；
4. 刺猬原则（具三环交叉的 BHAG）；
5. 纪律文化；
6. 以管理科技为加速器；
7. 飞轮作用；

8. 由优秀先转卓越，再到长青。

我活用柯林斯这八步，称它为"转型成功的物理学"。换言之，企业不这么做的话，想要转型到卓越，是不易成功的。柯林斯团队的深入研究，其贡献好比孔子作《十翼》那般振奋人心，因为孔子把《易经》由被误解成算命的书，拉回到《易经》本来的面目与本质。

《易经》探讨的是大自然的规律，然后中国人运用它来掌握人类组织与社会的规律。从这个角度来看，《易经》与《从优秀到卓越》有某种关联性。

易学在孔子之前，很多人用它来算命。到了孔子，他说："不占而已矣。"荀子也说："善易者不卜。"所以，孔子是不语怪力乱神的。

孔子 50 岁后研究易理，从而知晓人类的自然规律后，说："虽百世，可知也。"孔子运用易经的物理学，可以推论百世那么久的兴衰，这不是占卜算命，而是推理。

物理的可贵在于可进行逻辑推理与运用，物理是先存在于宇宙自然中，物理学家找到并证明某项物理后，可以扩大运用这个新发现，进而产生发明，嘉惠人类社会的生活。

老子说："万变不离其'宗'。"万相有万变，但都离不开某个"宗"（物理），只是有些"宗"已被发现，有些"宗"尚未被发现或正在被发现中。

柯林斯的《从优秀到卓越》发现，企业由优秀到卓越的万相（不同的几万种公司）中，不离他所归纳的"宗"（吉姆八步）。未来或许他还会有新的发现，以帮助更多的企业人。

第 5 章
结语

《从优秀到卓越》可以说是企业高管们的《易经》，其中确实有《易经》三易的内涵。

一、《从优秀到卓越》的简易

《易经》由伏羲的三画八卦到周文王的六画六十四卦，描述大自然之天、泽、火、雷、风、水、山、地八象，这八种自然现象的平方（$8^2=64$ 种），概括了自然界的情境。《易经》是对每一种情境加以描述，并提供建议与参照指引的哲学。这六十四卦是简易的，是人类生活中所熟悉且经常认知的现象。

柯林斯通过归纳访谈内容而得出的结论，即"吉姆八步"，也相当"简"单"易"懂，成功物理的飞轮就体现在这八个过程中。

如同前面所说，《易经》不是占卦的书，但对《易经》理解得好的人，也都是很会占卜的人，然而读《易经》不应该只以占卜为目的。同样，一个公司的好与坏，也可以用"吉姆八步"来加以推理。

财务创投公司除了应该看过去几年财报与未来几年预估财报外，更应积极研究公司的吉姆八步来为所投资的公司"看相"，以下是我的经验，都很灵：

（1）一个新创公司的组织如果符合"吉姆八步"，像《从优秀到卓越》第六章所介绍的安进（Amgen）公司，由董事长乔治·拉斯曼于 1980 年所创立，到 2000 年即用 20 年时间成长为市值 32 亿美金、拥有 6400 名员工的公司。算算安进公司的股价，从 1983 年 6 月于纳斯达克上市到 2000 年 1 月为止，总共增长了150倍！这个公司的股票，若有人在它未上市的1980—1982年间购买，后来一定赚大钱。

（2）一个公司有五级领导与四级领导的对照，我们曾谈过的例子，是中国刘邦成王而项羽失败自杀于乌江的悲剧。这是一个很好的"成王败寇"典型范例，是一个可以通过现象背后的自然规律（物理）来解释的个案。

依照柯林斯的《从优秀到卓越》，我们可以推测哪些是还未达到卓越的公司，是还在寻求转型的公司，正在奋斗的道路上孜孜努力。他们的领导人假若是四级领导人，依"吉姆八步"可以推测出，不是在他任上的晚期，就是在他卸任后，公司会衰退得很严重，有如索罗斯之金融放空，是很好的可以放空的猎物。

在《从优秀到卓越》第六章中，柯林斯举了两个很好的例子：

① 1964年出任伯勒斯（Burroughs）公司CEO的雷·麦克唐纳（Ray MacDonald），是个很有才气、很能干的杰出CEO，但他行为动作很粗暴，经常取笑别人没有他聪明，很会伤人。他对员工要求很严厉，给员工很大的工作压力，因此他得了一个绰号"麦克唐纳钳子"（MacDonald vise）

在他统治下，公司有十分辉煌的业绩：从1964年上任到1977年卸任，他为伯勒斯公司创造了高于股票市场平均报酬率6.6倍的优秀成绩。他退位后，1977—2000年，公司市值一路下滑，2000年时竟失去了1977年的93%，只剩当年的7%，可想而知其惨状。

② 柯林斯在《从优秀到卓越》中多次提及乐柏美（Rubbermaid）公司的斯坦利·高尔特（Stanley Gault），因为他最有名的一句话是："我是一个真正的、百分之百的暴君，怎么样？"高尔特不理会在五级领导者的对比下，他这个四级领导者的缺点。

高尔特有四级领导者的一般特征：把很严格的纪律带进组织中，包括严格的企划过程、质量、竞争者分析，有系统性的市场调查、利润分析，严厉的成本控制，用鼻子就可以闻出哪里还可以再压低成本，等等。

有一个服务于华尔街的分析师说：乐柏美是一个严格到超乎想象的公司。高尔特管理公司十分细致，要求精准，讲求方法。他每天早上6：30上班，每周工作80小时，同时要求他的经理人也像他一样投入工作，是一位严厉的纪律教练。在他领导公司期间，公司以3.6：1打败上市公司市场平均报酬率。高尔特退休后，该公司的市值却整整下跌了60%，直到被纽维尔（Newell）并购。

您会问：柯林斯的"吉姆八步"可以作为预测未来之用吗？员工可以考评领导吗？

人类对过去的痛苦及问题有很深的记忆与详尽的记录，对未来，他们知道会有很多变化。那现在该怎么做呢？有哪些可以依过去的方法去做，有哪些必须改变，以避免凶事再发生而能趋吉呢？

《易经》就是解开这个奥妙的密码，可以借总括的64种情境来分析你目前是处于哪一种情境，该如何应对。《易经》六十四卦都有发生的或然率成分，不一定必然会发生，但可以预测最可能发生的状况，所以"现在"提供了"未来"会发生之情境的预告。就像天气预报,《易经》也作气象预测,如在农历上的应用,很准。

今天的大气物理运用各种超级计算机作预测,准确率逐步提高,但预测"未来"很难百分百准确,因为未来每一秒都在变化,现在算好,下一秒又变了。问题不在计算,而在变化之不可控制。

但是,有预告性的风险讯息总比没有好。柯林斯并不想把书导向我讲的"吉姆八步"绝对正确,不守"吉姆八步"就不对。可以成立的是:若不遵循成功物理学的"吉姆八步"而要长期成功很难,要达到卓越的机会更小。

二、《从优秀到卓越》的不易(preserved)(阴)与变易(change)(阳)

《从优秀到卓越》第九章中关于一个公司要永生长青的内容在《易经》中也有体现:

(1) 保存(不易):核心价值、核心目的。

这个部分不能改变,是太极图中黑的部分,是《易经》中的阴。

(2) 变化(变易):文化与操作性之技术、方法、特定目标及执行策略。

这个部分是要改变的,是太极图中白的部分,是《易经》中的阳。

假如公司管理不变的核心价值与目的是阴,另一半同时要改变的文化、作业方法、目标、策略是阳,那么可不可以运用孔子整理出来的已有 3000 年历史的《易经》解释与《易经》智慧——《十翼》，探询及思考什么样的阴阳组合，会有什么样的未来的推理情境？不同的模拟可以通过不同的"变卦"转换成不同的模拟方案，让公司找到最适合的方案，顺利"元亨利贞"再"贞下元上"，循序渐进地成长发展，直至基业长青。

关于《从优秀到卓越》第九章的太极图，我在实务上可以提供几个意见。《从优秀到卓越》教给读者概念物理，也教给读者方法"吉姆八步"，《易经》则只有概念，没有方法，这是东西方的差别所在。

（1）柯林斯更早出版的《基业长青》中的太极图表达得更清楚。阴中有白点之阳，阳中有黑点之阴，这是完整中国《易经》的精义。

图 5-1　太极图

"一画开天，太极生两仪，两仪生四象，四象生八卦。""（大）阴中有（小）阳，（大）阳中有（小）阴。"换言之，不动不变的阴中，可能在某个时间、某个条件下也须改变（阳）。反之，阳中可能要有小部分重要的规矩不变（阴），才能让文化、作业时时在变而不失去规矩。

（2）阴中有阳的阳相对较小，而阳中有阴的阴可能相对较大。每个公司的制度、作业手册、守则，相对于阴中之阳的变动频率应该小很多。在实务上，作业方法的源头即系统、制度，可以在管理会议上修改后施行。相对于阳中之阴，要修改可能须提到董事会层次讨论，其重要性由更动频率与位阶，可以看出其不动、不能动的本质。

阴的决策属决策层，阳的决策属作业层。

《易经》与管理的关系还在研究中，要通过柯林斯的实验组和对照组长达30年财务结果的对比，才具有客观数据的说服力，否则仍处于哲学性、思考性的层次。

陈明德教授认为，六画卦的六个爻，分别代表公司的上、中、下三层，每层再分上、下两爻。用这种方法排出公司目前组织的情境、想要改变的条件下的情境，然后对照《易经》六十四卦的卦辞，能够"先探得"想要改变的情境之情报。这是美国加州大学以及中国部分管理学院等仍在努力探索的课题。

我个人深信"吉姆八步"，因为正是运用"吉姆八步"，我和我的团队使中国台湾神脑国际由1996年1亿元人民币营收，成长到2000年以25亿元人民币上市。

《易经》会告诉你，"天地人"配合下会有什么结果。但计划总赶不上变化，"合理推论"下，你会得到某一个卦的情境或结果，这不是迷信。懂道理（《易经》、"吉姆八步"）就不是迷信。

《易经》告诉我们：一个卦外，又有一个错卦，一个综卦，至少六个变卦，这样就至少有八个后备方案可以思考。古时孔明赢对手就是"多谋多胜"，这也正是今日决策理论计量模拟的道理。

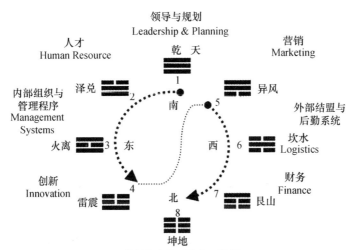

图 5-2 《易经》与管理太极图

资料来源：陈明德：《易经与管理》，上海三联书店 2015 年版。

当理性分析可以立判决策方案的高下时，它属于科学判断的范围。但也有很多决策的资料难以收集，或做企划案时，几乎没有差异性的结果，令人左右为难。因人和时空的局限性，我们征询这交叉"易（经）见（解）"，因为每个案子都有它们各自的"天命"——"一个案子的规格与表现范围"，或许这将是《易经》中的管理智慧未来可以对首席执行官们提供的贡献。

现在请你相信"吉姆八步"，要像"信教"般虔诚，不要再问为什么。

"《易经》与管理的关系应用"原不是我的专长，我 60 岁才开始学《易经》，所有关于《易经》的写作只是心得发表，但也确实"感觉"到它的奥秘，尤其在学习过程中体悟到了很多实用的思考灵感，让我有体验、有感触，特别是很感动。总括来说，它是门值得细细深究的大学问，未来还要好好学习。

参考文献

1. 陈明德：《易经与管理》，上海三联书店2015年版。

2. 冼日明、尹慧儿、陈志辉、谢冠东编著：《读易经，通管理》，中华书局2010年版。

3. 曾仕强：《易经的奥秘》，陕西师范大学出版社2009年版。

4. 易中天：《汉代风云人物》，中国国际电视总公司2006年版。

5. 《百家讲坛》（王立群、姜鹏、易中天）。

6. 姜鹏：《姜鹏品读〈资治通鉴——帝王教科书〉》，西苑出版社2014年版。

推 荐 文

| 朱　磊 | 前旺旺华北大区总经理，现任河南雪谷鹤食品有限公司总裁

对于企业的经营者，核心理念基本达成共识，即以快速且稳健的方式，推动企业可持续发展。邱先生所著《变革管理的大桥》一书，调查并参考了多家优秀企业的经营与发展方式，以及现代管理学名著之精要。对于广大企业经营者和职业经理人来说，本书能够带给我们更多独立的思考，启示我们以自己的方式去掌控自身和企业的发展需求。

2000年，我任中国旺旺东北大区总经理一职，那时有幸结识邱先生。当时，邱先生担任副总裁一职，是旺旺进入中国市场多年以来首次对外聘请的集团核心层高管。他曾就职于中国台湾统一企业的核心管理层，参与和推动了统一企业从初期到中期的发展建设，见证了统一企业成就中国大陆与台湾两岸事业的崛起与跌宕历程。总体来说，邱先生是一个企业管理经验丰富且拥有超强学习能力、辩证能力，同时又

充满智慧、令人尊敬的长者。他上任后,针对旺旺集团未来新的运营模式提出升级改善方案。邱先生推崇先人后事、分段担责、利益共享、专业创新的企业策略。针对基层管理者,他主导开展了"马步筑基工程"培训,以提升基层管理者转变为经营者的心态和专业常识;针对分公司高管,实行"利润中心制"考核,彻底激发各阶层主管的经营责任意识和干劲,使能者受益,促进良性竞争;针对事业部高管,实行"目标结合股权"激励,让各事业部组织功能完备,专业能力提升,成为真正独立的产品谋划运营中心。他期望通过改革使公司各环节扎实成长,破茧成蝶。邱先生目光长远,所谋之方案深受广大骨干精英层认同。

邱先生一直以"对标"国际级管理公司的要求,以美国卡夫的快销品管理方式,来培训营销团队和产品经理人团队。加之他本身曾任摩托罗拉台湾地区总经理多年,凭借所积累的丰富的职业素养,培训了旺旺营运体系现有35家分公司的总监与大区总经理。使其更具有专业知识及行业认知,能更好地衔接总部产品与企划团队。邱先生还聘请瑞典利乐公司联合相关导师,在上海组织所有旺旺营运高管开展为期三个月的MBA特训,希望通过细化导入世界一线企业的系统性管理思维,让高管层既有武将善使刀枪之本能,又具孔明之智慧,以经营者的心态和能力去稳守每个分公司之市场份额,不会大意失荆州,从而完成总部所授予之发展使命。

邱先生在旺旺两年的策略布局大致都写在了本书中,其中包含企业的系统架构与各个阶段展开的方法和步骤。对于中小企业来说,其转型工程若没有持续性推动便难以成功。他常说标准作业程序(SOP)就是"说、写、做"三位一体,内外部同时专注于过程的发展,才会同步对齐。先生的言行和思想使我终身受益。

随着中国经济之崛起,国内相当一部分大中型企业看起来营收很大,但都因未建立五级领导文化体系,缺乏管理精英阶层的长期利益分享制度,同时权力过于集中而导致责权无法共担的严重问题,从而陷入瓶颈期,企业发展受到阻碍。虽然企业已发展多年,但却严重缺乏追求卓越与训练有素的人才。企业发展主体定位、思想、文化、规则皆随第一代创业领袖的精神难以为继而趋向没落,未能与时俱进是企业的悲哀。"竹外桃花三两枝,春江水暖鸭先知。"希望通过阅读本书,让我们先知先觉,共同成长。

| 魏 涛 | 前旺旺西北大区业务总经理,现任益海嘉里食品营销有限公司传统管道销售部总监

初见邱先生是在2009年的夏天,我记得是在武汉。当时,我刚升任旺旺西北大区总经理,在武汉召开中秋作业旺季动员大会。当时是由崔总带着邱副总裁到武汉来,我记得很清楚,他们是从合肥乘动车过来的。

一直听说集团请了一个国际级管理大师来做首席执行官,但起初我也没有太在意。对邱先生的第一印象是精干、

变革管理的大桥

睿智，讲话很简单但都能点中要害。那次培训的主题我至今都记忆犹新，是关于团队的对齐、同质化管理以及标准偏差的。说实话，工作这么多年，我从来都不知道管理还有这么多新东西。

和邱先生的接触，让我茅塞顿开，也开启了和邱先生的缘分。通过一年多和邱先生的接触和学习，我在经营和管理方面有了很多顿悟，在后续的职业生涯中更是不断受益。

邱先生在旺旺着重推动的几件事所反映出来的理念都体现在其所著《变革管理的大桥》一书中。

首先，建议用做生意的方法做事。他在西安用"羊肉泡馍"的故事来谈生意关系。其次，推动"马步工程"，做同质化管理，强化有纪律的文化，教我们如何练队伍，如何带兵打仗。最后，建议实行分公司利润中心，深化问责与激励机制。

我现在负责公司全中国管道业务，其中所运用的管理思想与技术都是邱总曾辅导的。这些管理思想与技术简单易行，亲和力高，成效好，使我在管理上驾轻就熟，也因此得到老板的嘉许。所以，我乐于将此书推荐给中国中小型企业主与高管，在建立新转型班子与策略时，多加研习。

| 苏学宏 | 前旺旺华中大区总经理，现任河南喜盈盈集团行销副总

邱先生是我在旺旺时的主管。他不仅博学多才、亲和睿智，而且有着特别丰富的管理实操经验。他不仅在工作中带

给我们很多先进的管理方法与思维，更像一位长者与恩师教会我们很多做人做事的道理。年前，邱先生邀请我为他的新书《变革管理的大桥》写推荐语，我有诚惶诚恐的感觉，但是更多的是感到荣幸：能提前拜读他的新书！接到他的新书，我连读了三遍。身为中型企业高管的我，感同身受。这本书非常实用，一语中的地指出目前中小企业存在的最大问题，即企业老板所处的境况，并对标《从优秀到卓越》，结合中国传统哲学思想以及很多实际管理案例，为中小企业转型升级提供了方向与解决之道！

目前，很多中小企业老板从0到1做得很好，但从1做到10、到100、到更多往往会出现偏差，走很多弯路甚至走向灭亡。大多数老板虽然很优秀，但是却不能做到卓越。即处于四级管理，而不能达到五级管理的境界。往往在发展过程中急于寻找职业经理人，但是又不懂得授权与使用，导致职业经理人要么很快夭折，要么被公司同化，难以充分发挥作用。邱先生在《变革管理的大桥》一书中一开场就鲜明地指出这个问题：企业要成功转型，首先，老板要做到五级管理，要"先人后事"。我觉得这个观点非常正确，特别适用于中小企业转型。一个企业从创业到发展往往不缺人才，缺的是合适的人才！《变革管理的大桥》重点围绕"建班子，定策略，带部队"进行解析，其核心即体现了企业转型需要"先人后事"。曾国藩在《冰鉴》一书中也提到："识人以用事，自知以修身。"因此，企业要想转型成功必须"先人后事"，找到合适的人。卓越公司的老板们不是首先确定目的

◻ 变革管理的大桥

地，然后把人们引向那里。相反，他们首先让合适的人上车，然后才决定去向何处。首先，如果从"选人"而不是"做事"开始，就更加容易适应这个变幻莫测的世界。其次，如果有合适的人在车上，那么如何激励和管理他们就不再成为问题。合适的人是不需要严加管理或勉励的，他们会因为内在的驱动而自适应，以期取得最大的成功，并成为创造卓越业绩的一部分。最后，如果车上坐的是不合适的人，无论你是否找到正确的方向，都不能拥有最卓越的公司。

现在，很多中小企业在发展转型时都会学习引入稻盛和夫的"阿米巴经营体系"。其实，"阿米巴经营"的哲学思想来源于王阳明的心学。"阿米巴经营"的前提是先要找到合适的巴长（经营管理者），核心是强调哲学共有。做人何为正确？做事何为正确？也体现了"先人后事"的管理思想。

《变革管理的大桥》这本书非常适合转型中的中小企业老板们学习。一个企业老板应领悟到"先人后事"，真正找到合适的人才是实现企业成功转型的关键所在。

| 赵堃成 | 勤正财务顾问公司执行董事

认识邱璨瑛先生是我在统一企业工作的时候。这是我在美国取得企管硕士学位后返回中国台湾的第一份工作，当时任职于统一的企划部，也因此有幸在高清愿董事长（当时是总经理）以及林苍生总裁（当时是企划部副总）的教导下，开始我的专业旅程。当时璨瑛兄是乳品部的主管，这是统一

最重要的部门之一。因此，我也从璨瑛兄身上学习到很多企业策略规划、行销管理的理论与操作方法。后来，我有幸在完成统一企业并购美国威登饼干公司的项目后，奉命到美国从事收购后的管理工作，同时在美国进行收购合并工作及对中国大陆的投资活动。之后，我进入《财富》前50名的艾默生电气公司工作，后又转职到四大会计师事务所之一的普华永道以及勤业众信的财务顾问部门，最终以勤业众信财务顾问部门总经理以及事务所的合伙人身份退休。目前，我担任中国台湾科技大学管理研究所以及东海国贸研究所的副教授职务。这些"惊异"的旅程与恩典，实在都得益于我在统一企业的历练以及得到的指导。

在学校奉献自己的绵薄之力是希望自己的所学以及经验有所传承。我也常与学生们分享，人生的第一份工作以及第一个老板和同事很重要，因为这将会造就工作的性格以及处事的原则。璨瑛兄就是我们的典范和学习的对象。璨瑛兄在离开统一以后，从事通信产品渠道开发工作，经营得有声有色，他经营的通信产品渠道是中国台湾除了电信公司自有渠道之外做得最成功的。后来，璨瑛兄到旺旺集团担任副总裁，更是对旺旺集团的发展做出了重大的贡献。2016年，有幸与璨瑛兄在台北重逢，聊起过去在统一工作的美好年代，许多有志之士在统一追求成为世界一流食品公司的愿景下，共同努力从优秀进入卓越的往事，又勾起我心中追求卓越的热情。

拜读《变革管理的大桥》初稿，审度目前亚洲地区包括中国大陆企业的兴起，璨瑛兄用《从优秀到卓越》这本书为引子，加入他对古今中外的研究以及经验，这给从中国或亚洲出发，想成为国际级企业的公司提供了很好的借鉴。对于那些在亚洲地区一向只会做世界工厂的代工型企业，要从优秀进入卓越的境界，本书也具有重大的参考价值。璨瑛兄无私的分享以及指导更是令人佩服。希望新一代经理人及企业家都能从中学习到经营企业的策略与方法，从而为企业开拓光明的未来。

| **温介清** | 浙大百川生物食品技术有限公司副总经理

韩愈《师说》曰："师者，所以传道授业解惑也。"邱璨瑛总经理是我 30 几年前在统一企业工作时的直属领导，也是我在行销工作上的启蒙老师，更是改变我一生的贵人。

20 世纪 80 年代初，在邱总的领导下，统一企业独家代理美国通用食品公司的马克斯韦尔咖啡并在中国台湾上市。由于广告策略、广告创意及消费者促销等行销活动做得非常完美，马克斯韦尔咖啡品牌一炮打响，轰动了整个中国台湾食品业界。我有幸在邱总所领导的部门工作，在其专业、认真的指导下，见识到成功广告及促销的威力，也提升了自己在行销与广告方面的认知及能力。之后，我在邱总的鼓励下，携产带眷到美国加州大学攻读两年 MBA 的课程。回忆往事，30 多年前邱总的言传身教改变了我的人生轨迹。邱总不愧是我的人生导师。

推荐文

一年前，邱总告诉我他很欣赏美国斯坦福商学院吉姆·柯林斯教授的《从优秀到卓越》一书。他计划以这本书为蓝本，引进他过去40年来在工作上的实战经验，写一本具有中国元素及实操案例的书。令人惊喜的是，邱总的大作《变革管理的大桥》已经完成。我有幸拜读到邱总这本新书的初稿，顿觉这是一本难得的企业经营管理的经典力作。能为这本书写序，我感到非常荣幸。

吉姆·柯林斯的《从优秀到卓越》一书，主要内容涵盖五级领导者的特质、"先人后事"、刺猬原则、三环与BHAG理论、飞轮加速器理论等，但全部案例都是以美国的企业为讨论对象。对中国企业家而言，不了解这些美国企业的文化背景，很难产生感同身受的体验。虽是一本好书，但读起来，似懂非懂，如要拍案叫绝，又觉得有点距离。

邱总用中国历史上大家所熟知的"楚汉相争"即项羽和刘邦两雄争天下的故事，来诠释"五级领导者的特质"及"先人后事"的哲学思想，内容丰富，条理分明。刘邦说：运筹帷幄，决胜千里，我不如张良；镇守国家，安抚百姓，供给军粮，畅通粮道，我不如萧何；运兵百万，战必胜，攻必克，我不如韩信。能任用这三位人中英杰，极力调动他们的聪明才智，是我之所以取得天下的原因。而项羽连一个范增都用不好，这是他失败的原因。这是中国历史上最经典的五级领导者的人格特质与用人哲学。

邱总又以北宋司马光的《资治通鉴》说明《从优秀到卓越》中的理念，《资治通鉴》可说是古代中国版的《从优秀到卓越》。再以毛泽东熟读《资治通鉴》带领中国共产党走过两万五千里长征为例,描述毛主席的思想、战略、战术,以及面对关键决策的态度和方法,无一不彰显"五级领导者的特质"和"先人后事"的精神。更以中国企业家柳传志董事长的管理三要素即"建班子,定策略,带部队"来呼应柯林斯《从优秀到卓越》中的观点。

当然,《变革管理的大桥》一书最为激动人心的部分是邱总以长期在企业工作的经验,深入浅出地总结统一企业在高清愿董事长这位五级领导者带领下飞跃成长的50年。精彩绝伦,值得企业家们细嚼慢咽,学习体会。

"如人饮水,冷暖自知""百闻不如一见",我再怎么精彩地描述与说明《变革管理的大桥》吸引人的地方,都抵不过读者亲自阅读与体验。我相信这是一本非常有价值的书,是协助企业争市场、争份额的好帮手;也是指导企业明确公司股票IPO上市的目标与策略,以早日获得资本的融资支持,成功实现从优秀到卓越的企业转型与升级的大作。

| 王赟 | 亚洲浆纸(Asia Pulp & Paper)上海行销副总经理

我记得老先生很久以前就想写书,我也知道像他这样阅历丰富的人,应该是迫不及待地想把自己的故事分享给后来人。但意外的是,我被邀请为全书写一篇推荐文,这真是让我受宠若惊。倒不是因为我涉世未深或者文笔不堪,而是这本书的阅读对象是那些颇有成就的老板们,即那些已有一定

建树的"诸侯王",但还没有成为一统天下的"帝王"。

我和老先生原为师生之谊,后为忘年之交,虽然远隔重洋,但每每有机会聚在一起,就很喜欢引经据典,谈古论今,有时候说到激昂之处便捶胸顿足,扼腕叹息,"未尝不叹息痛恨于桓、灵也"。我们最爱拿身边的各个人物与古人比较,既可以史为镜,又可以人为镜,一举两得。本书讲的是诸侯王(中小企业家)成就千秋霸业(行业龙头巨擘)之道;而讲到帝王白手起家最后名垂千古的,则不得不提到刘邦和朱元璋,我个人最为推崇的便是从亭长成长起来的刘邦。

关于刘邦的成语典故有很多,既有"项庄舞剑意在沛公"的凶险,又有"明修栈道暗度陈仓"的战略,更有"约法三章"的睿智,还有"分我杯羹"的无赖。但我个人印象最深刻也最为推崇的是以下五个典故:"运筹帷幄""多多益善""成也萧何""高阳酒徒"以及"筑台拜将"。我认为,看懂了这五个典故,就体会了本书的精华,也在成就霸业的基础上增添了一份自信和把握。

"运筹帷幄"说的不是刘邦自己,而是那个"孺子可教"的张良。刘邦虽然贵为汉王,却很有自知之明。他说:"夫运筹策帷帐之中,决胜于千里之外,吾不如子房。"是以统帅的雄心壮志去独当一面,还是以君王的气魄去安定四方,是本书要告诉你的最重要的道理。

"多多益善"说的是曾受"胯下之辱"的韩信。刘邦问韩信:"我能带多少兵?"韩信说:"最多十万。""那你自己呢?"刘邦问。韩信的回答是:"多多益善。"刘邦反问:"那你为什么还在替我打工呢?"韩信回答说:"因为您善于管将,而不是带兵,所以我只能替您打工。"这是我看过的历史上为数不多的绝妙的"拍马屁"之一,但也很清楚地说明了刘邦成事的最大原因,即把对的人放到对的岗位上让其尽情发挥作用,然后自己只要管理好这个人就可以了,这也是本书的精髓之一。

"成也萧何"说的是月下追韩信的萧何。刘邦起事之初,没什么声望,而又急需人才,那些名门望族当然不会来投奔,这时靠的完全是萧何慧眼识才搭起来的草台班子:杀狗的樊哙,牢头曹参,车夫夏侯婴,还有做丧事吹打弹唱的周勃,可谁会想到最后他们都成为开天辟地、响当当的人物。而那个郁郁寡欢、星夜出走的韩信,曾经是刘邦眼里很不起眼的边缘角色。加上逃犯张良,叛将英布,泼妇吕雉,终于构成了大汉基业的几根栋梁。俗话叫搭班子,专业叫建团队,如何搭,怎么建,让本书告诉你。

"高阳酒徒"说的是郦食其,史书上说他是一个"贱民",就是粗鄙卑微之人。第一次托人引荐去见刘邦,刘邦问此人是什么货色,侍从回答说像个儒生。要知道刘邦本是市井之徒出身,最恨有文化的人(曾经在读书人的帽子里尿过尿),又恰逢自己在洗脚,便说自己没空接见。郦食其大喊一声:"老子不是儒生,而是个酒鬼。"刘邦一惊,就很好奇叫他进来,一边擦脚一边想听听他要说什么。结果迎来的却是一顿呵斥:"你这个样子怎么见我这个长者!"刘邦见居然有比他更"流氓"的人，不禁为他的胆识折服。后来，郦食其也帮刘邦立了大功。可见，网罗人才必须不拘一格，并且要有博大的胸襟，这也是本书要阐述的观点之一。

"筑台拜将"，讲的是刘邦、韩信和萧何三人组的故事。话说萧何月下追回了韩信，苦口婆心地劝刘邦重用韩信。"封他做个将军可以了吧？"萧何摇摇头。"要不封他做元帅？"萧何点点头。"那么就这么办，你叫他来，我叫他当元帅！"萧何又摇摇头说："韩信这种人才，不是随便呼来唤去的。"于是刘邦特地建了一座拜将台，选了良辰吉日在三军面前隆重地封韩信为大将，赢得韩信死心塌地地为汉家开疆拓土。对人才的重视和尊重，是书中反复提及的重点。

"大风起兮云飞扬，威加海内兮归故乡，安得猛士兮守四方。"胸怀博大的领导者加上相得益彰的领导班子，再配上严谨的战略战术，相信诸侯王一定能够成为千古帝王。

最后，不用担心《变革管理的大桥》会有烦琐的说教或者枯燥的理论。通篇轻松明快的案例故事，会让你轻松地明白原本深奥的管理哲学，也就是企业长治久安的生存之道。

| 洪一峰 | 冠达智能科技有限公司总经理

欣闻邱总裁大作已完稿（邱先生是我在神脑国际任职时的总裁，我习惯以总裁称呼他），非常荣幸获得邱总裁邀请为他的新书《变革管理的大桥》写推荐语，收到稿件后我便迫不及待地仔细拜读并撰写。

变革管理的大桥

我是电子工程背景出身，20世纪60年代在中国台湾电子业起飞阶段从事电子产品研发工作，一毕业就进入主导台湾消费电子主流的家电企业——声宝公司。当时，声宝公司策略相当创新，我被派到美国设计第一代移动电话（AMPS Class 3）。后来在1993年，我加入神脑国际，当年神脑国际还是草根性的公司，会选择神脑国际是受到林保雍董事长的感召。林董事长是一位对产品及市场非常有见解和热忱的人，具有五级领导者的特质。在林董事长的领导下，神脑国际创造了一段非常辉煌的历史。就在神脑国际关于未来的发展遇到瓶颈时，林董事长三顾茅庐，礼聘在摩托罗拉移动电话部担任中国台湾区总经理的邱璨瑛先生。这也开启了我惊艳的职业规划。邱总裁的国际观以及管理技能和行销规划等，让我以后的职业生涯获益良多。

记得在神脑国际初次和邱总裁一起开会，对于他讲的行销、管理理论，我们都听不懂。之后，他采取"先人后事"原则，即先训练员工，把员工素质拉高到一定程度，大家才会有策略，即共识，达到一致的愿景目标。邱总裁采取的方式是先外聘一群年轻优秀的MBA毕业生与现有干部混合，成立PM训练班，一起训练，训练内容既有理论，又有实务。理论上，从行销学中市场的STP（segmentation, target, position）的基本面开始了解，再衍生到消费者行为学中的AIDA（attention, interest, desire, action），产品的FAB（feature, advantage and benefit），从而找出产品的独卖点即USP（unique selling point）；接下来是训练广告学及销售技巧（professional selling skill）等。甚至还请中国台湾政治大学商学院教授讲授行销、财务与会计课程。实务课非常紧张，不但要去广告公司实习，观摩焦点座谈会（FGD），之后还要自己设计并主持一个FGD。晚上，还要到街上作问卷调查，分析消费者的行为模式。还要随时观察移动通信运营商、通路商及手机品牌的广告，研究分析广告黑箱后面真正的目的及策略，最后，重要干部还会被送去攻读MBA，当年我就是第一位被送到中国台湾政治大学科管所进修的员工。我当时是研发部副总，后在邱总裁培育下转为行销部副总，邱总裁的这一决定在当时可是非常大胆的。我的内心也很惶恐，毕竟大学读的是工科，很多同事也不看好我，但我坚信邱总裁对我的信心及他过人的培育眼光，而这也正是邱总裁能深度激发员工工作热情的能力。训练期间，几乎没周末及节假日，下班后还要去街头访问消费者或正式店头访问商家。但也正是因为这些扎实的严格训练，我才能脱胎换骨，彻底从研发工程背景转换到行销领域，这是相当大的反差。神脑国际也在邱总裁极力的改造之下，成功成为脱胎换骨的上市公司、涉足国际的优秀企业。

　　邱总裁安排的课程涵盖行销学、销售技巧及管理学、薪资管理（包括job evaluation，job description，global salary grading system）、日常项目管理与指针KPI管理（包括quality，cost，delivery & service）及TCS（即全客户满意的服务）。日常品质管理程序PDCA to PDCS（plan，do，check，action，standard）等课程内容非常实用。另外，还指定阅读书籍和

变革管理的大桥

刊物。《从优秀到卓越》就是当时指定阅读书籍之一。另一本是彼得·圣吉的《第五项修炼》,主要内容即训练五级领导者的方法(自我超越、改变心智模式、建立共同愿景、团队学习、系统思考)。

在我眼中,邱总裁是令人尊敬的好领导,他从台湾早期传统食品产业出发,进入国际公司卡夫食品有限公司,看似跟科技扯不上关系,但却获得当时(1989年)世界科技巨擘摩托罗拉的青睐,受邀担任台湾区总经理。更令人惊奇的是,邱总裁在科技业也能够将其管理才能发挥得淋漓尽致。他运用经验及所学协助神脑国际转型后,便功成身退。

邱总裁退休不久后,中国经济突飞猛进,旺旺公司蔡董事长力邀邱总裁担任旺旺集团副总裁,希望邱总裁以其丰富的业界经验协助旺旺集团增强管理实力。旺旺集团的工作也更丰富了邱总裁的经验。

谢谢邱总裁愿意无私地把经验分享给所有人,在此深感钦佩。《变革管理的大桥》凝结了邱总裁非常独特的思考和创意,相信有幸阅读此书的读者将会获益良多。

| 许江山 | 启碁科技股份有限公司事业部总经理

Peter(邱总裁)是我在神脑国际工作时的CEO,是一位有着长者智慧与年轻人干劲的长官。他对工作充满热情,博览群书,又不断汲取新知,总是以身作则带领公司同仁面对一切挑战。在领导神脑国际期间,他进行了改革,创立了许

多制度与工作规范，并建设了完整的营销渠道，使得神脑国际在现今电信服务市场能占有一席之地。

在我专注研发工作十几年后，有机会开始接触经营管理、市场营销领域之际，Peter也是我的启蒙导师。对于研发出身的"工程脑袋"来说，市场营销是完全不同的一种思维，面对的是如此难以掌握又瞬息万变的竞争，而经营管理则又是一门大学问。所幸的是，有Peter的悉心教导、传道解惑，并经常引述经典及范例，加以实操演练，我仿佛醍醐灌顶，度过了从研发主管转型为事业部最高主管的过程，可以说，Peter是我职场生涯中的贵人。在他退休后，我们经常周末一起爬山，运动休闲之余，分享市场资讯、产业动态、科技新知等，无所不谈，也让我们成为忘年之交。

在电子产业20多年来，深知在技术、产品、市场上不断的创新与精进，是企业具有持续竞争力的关键，但要从优秀到卓越（good to great），则是许多中小企业苦思不得其解，期盼突破的瓶颈。有幸拜读Peter的大作《变革管理的大桥》，感触良多。Peter将他过去在工作中积累的无数成功经验，倾囊相授，应用中西历史范例，对照说明，深入浅出，实为一部管理领域的经典大作。将本书所提宝贵经验运用于平日经营管理，反复揣摩，细嚼品味，定对工作帮助极大，能为读者带来意外的惊喜、丰富的收获。

变革管理的大桥

| 罗鹏霄 | 益海嘉里（金龙鱼）食品营销有限公司昆明分公司副总经理

邱教授的新书《变革管理的大桥》是一本结合中西管理哲学，借古今案例深度解析中国中小企业管理困惑，并通过实战经验告知读者破局之策的良书，特别是对于中国中小企业实际运营有非常实用的参考价值。像我本人就亲身经历邱教授在西安的业务财政联合作业质量管控例会（QCC）管理试点工作。在整个操作过程中，陕西省全部营业所都是独立利润中心，相关业务人员同分公司财务人员合作变得紧密，业务人员从财务经营角度考虑市场操作的有效性、合理性，财务人员也更能体会业务人员的不易，使整个分公司的营运成本得到管控，销量、利润都得以提升，客户满意度大幅提高。

书中的管理实战都是邱教授亲身经历，真实度高，可复制性强，非常适合中国中小企业借鉴模仿，能够帮助中国中小企业走出困局，成功转型，打造长青基业。对于企业管理人员，该书更值得细细品味，因为邱教授 40 年工作经验的提炼，结合中国现状，完全可以引发读者的共鸣，起到醍醐灌顶之效。

| 高诗茹 | 中国香港利丰集团营销高管

一时之间真不知如何下笔，想借此书，表达对我的前任长官、旺旺集团邱璨瑛副总裁（请容我以前任公司的称号称呼本书作者，以示尊重）以及中国企业的深深敬佩。

邱总书中所列举的联想管理三基础（建班子，定策略，带部队），就是我本身曾经任职的职业生涯中最敬佩的两大企业——奥地利红牛能量饮料公司与中国安踏集团都看得到的企业基因。这两大公司碰巧都与中国目前极速发展的体育行业相关，实行独特的管理战略：奥地利红牛的（诡异）品牌策略，即敢做别人不敢做的事（以台北101大楼违法跳伞表演事件为例），成为企业特有的策略DNA；安踏的铁军文化，从早年为人诟病的抄袭产品，到中期快速模仿，时至今日的品牌美誉，赢在超乎想象的安踏铁军之企业向心力，造就了两个让我打心底里佩服的知名品牌。当然，我相信两大公司的领导人一定具备邱总所说的五级领导者特质：谦逊与专业坚持的意志力。

曾经，我也是基层员工，对于企业愿景与战略管理品牌发展的核心价值并不熟悉，想要学习学校没有教的知识来提升自我，只能靠自己盲目探索，有时会到诚品书店中寻找是否有文化较相似的日文经营管理书籍，或是麦肯锡经营管理学相关书籍。现在，邱总愿意分享他的管理哲学，融会贯通古今中西经典案例。真心希望推荐本书给广大读者。

如果读者与我一样，对于企业管理与运营有兴趣，相信会对本书的独到观点赞不绝口。毕竟愿意以企业高管的阅历，拆解管理学大师的知识，又融合中国儒家传统的历史故事，让读者仅仅在阅读一本书的时间里，了解到企业的战略思考与转型契机，真不是一件容易的事；同时，能让各类型读者，不论是与我一样的小小打工族，还是中小企业负责人，甚至是国际企业高阶主管、上市公司老板都深深受益。我诚恳地向各位读者发出邀请，请静心阅读。相信会帮助您在企业成长之路上，收获良多。

| 葛　琳 | 上海长宁社区工作者

这是一本更适合中国人阅读的管理类书籍。

邱总是我在旺旺工作时遇到的一位慈祥的长者。当时因其秘书的调动，我毛遂自荐递交了履历，殷切期盼能在邱总身边学习，经过面试后如愿以偿。我与邱总共事时间虽不长，但那段时间的经历深刻影响了我对公司各层面的认知，使自身能力得到提升，为我今后的工作奠定了扎实的基础。

2012年1月，邱总对我说，他要回美国的家中写一本让中国人看的管理著作。2017年年初，邱总在微信上将此书文稿发给我，书中所写内容时常会让我联想到当年在旺旺所经历的一幕幕。令我惊讶的是，邱总竟然邀我写推荐文。小女资历尚浅，真是受宠若惊，在邱总身边只领会了皮毛，工作经历亦有限，真不敢随便乱写。邱总对我的鼓励与信任，也令我万分感动。

回想起当年在旺旺，在邱总身边任职的第一课就是研读吉姆·柯林斯的《从优秀到卓越》，这是我接触的管理类的第一本书籍，至今印象深刻。当时，邱总时常给各部门开会培训，运用最多的理念也是取材自《从优秀到卓越》。

令我印象最深刻的是当年邱总率领公司高层为上海分公司销售人员进行了一场FAB专业推销特训会议,邱总根据《从优秀到卓越》第六章"纪律文化"的内容,亲自撰写并制作了一套FAB课件,内容相当丰富精彩,现场气氛非常活跃。培训人员在学习课件内容的同时,通过分组角色扮演进行实践训练。一场培训会议办得如火如荼,会后邱总告诉我,这只是开始,真正要做到全公司的纪律化,路还很长。

邱总很信任,也愿意培养新人,他时常要求我为其安排与新进员工的会谈时间。他也愿意给晚辈更多机会,比如在全公司会议及活动中给他们更多的展示机会,带他们走访市场,等等。我同样也是这些机会的受益者。

2014年,邱总前来上海办事,邀请我参加当年中国旺旺同事的聚餐,我欣然前往,见到邱总精神矍铄,倍感安心。大家依然会聊起当年印象最深刻的培训会议,所学所读在我们今后的工作中影响依然深远。

再次感恩邱总,感恩您的信任,感恩您的培养,预祝此书能影响更多的职场新人,以及有远大胸怀的企业人。